CHRISTOPH BAUSENWEIN

DAS GROSSE BUCH VOM BVB

VERLAG DIE WERKSTATT

Der Autor

Christoph Bausenwein veröffentlichte im Verlag Die Werkstatt einige viel beachtete Bücher, zuletzt über den Bundestrainer (*Joachim Löw. Ästhet, Stratege, Weltmeister*). Speziell für Jugendliche verfasste er mehrere Bücher über die deutsche Nationalmannschaft, den Frauenfußball und verschiedene Bundesligavereine.

Literatur

Wenn ihr noch mehr über den BVB erfahren wollt, dann schaut doch in unten stehende Bücher. Aus ihnen stammen auch viele Informationen, die dieses Buch enthält:

C. Bausenwein / D. Schulze-Marmeling: *Nur der BVB. Die Geschichte von Borussia Dortmund,* Göttingen 2014

Uli Hesse: *Alles BVB! Unverzichtbares Wissen rund um die Schwarzgelben,* Göttingen 2016

D. Schulze-Marmeling: *Der Ruhm, der Traum und die Leidenschaft. Die Geschichte von Borussia Dortmund,* Göttingen 2015

Bibliografische Information der Deutschen Nationalbibliothek: Die Deutsche Nationalbibliothek verzeichnet diese Publikation in der Deutschen Nationalbibliografie; detaillierte bibliografische Daten sind im Internet über http://dnb.d-nb.de abrufbar.

5., aktualisierte Auflage August 2016
Copyright © 2011 Verlag Die Werkstatt GmbH
Lotzestraße 22a, D-37083 Göttingen
www.werkstatt-verlag.de
Alle Rechte vorbehalten.
Satz und Gestaltung:
Die Werkstatt Medien-Produktion GmbH
Covergestaltung: www.vogelsangdesign.de

ISBN 978-3-89533-809-0

FSC
MIX
Papier aus verantwortungsvollen Quellen
FSC® C110508

Bildnachweis

Archiv Gerd Kolbe: 10 (2), 11o, 12u, 13o, 14o, 15u, 16 (3), 18/19, 19o, 21, 22o, 23l, 27o, 30, 38, 72, 74 (2), 74/75

Fotoagentur Horst Müller: 6u, 9, 17u, 18l, 19r, 23r, 26r, 27o (4), 29u, 32l, 33 (5), 41 (4), 43 (2), 46, 47o, 50o, 78/79, 80o+u, 84u, 90o, 91o, 92 (3), 93 (2)

Imago Sportfoto: Cover (7), 2/3, 4, 22u, 24 (2), 25o, 26l, 27u, 28, 29o+m, 33 (2), 32r, 36, 37, 39u, 44, 45u, 47u, 49, 50u, 54 (2), 55, 56 (2), 57, 58 (3), 59 (2), 60 (2), 61 (2), 62 (2), 63, 64 (2), 65 (7), 66 (3), 67 (3), 68 (4), 69 (4), 71, 76, 78u, 79o, 82o, 83, 85, 86, 87, 88, 95, Rückseite

Borussia Dortmund: 41o (1); Historisches Sportarchiv Wolfram Dietz: 13u, 15o (2), 19m, 73o, 90u, 91m+u, 92o; firo sportphoto: 91; Getty Images: 40, 41l, 53u, 73u, 77, 81, 84o, 89; Archiv Hardy Grüne: 80m; Johannes Hölker: 11u, 14u (2), 17o, 25m, 39o; picture alliance / dpa: Cover (1), 6/7, 35, 42, 45o, 51o, 52, 53o, 78u, 82u, 94

Inhalt

Der BVB: Die schwarz-gelbe Macht

Der BVB: Die schwarzgelbe Macht

In Europa Deutschlands Erster
Der BVB ist der erste deutsche Verein, der einen Europapokal gewann (Europapokal der Pokalsieger 1966), und der erste deutsche Sieger in der Champions League (1997).

Ehrungen
Der BVB wurde als erste deutsche Mannschaft überhaupt 1957 mit der Ehrung „Mannschaft des Jahres" ausgezeichnet. 1995 und 2011 errang der BVB erneut diese Auszeichnung. 1997 wurde der Champions-League-Sieger vom internationalen Sportjournalisten-Verband zur „Welt-Mannschaft des Jahres" gewählt.

Borussia Dortmund ist einer der erfolgreichsten und beliebtesten Fußballvereine Deutschlands. Der BVB (= Ballspielverein Borussia) hat alle großen Titel gewonnen, die es zu gewinnen gibt. Neben acht Deutschen Meisterschaften und drei DFB-Pokalen gewann er auch die bedeutendsten internationalen Titel: den Europapokal der Pokalsieger, die Champions League und den Weltpokal. Auch aktuell ist der BVB Spitze. 2012 gewann er das Double aus Meisterschaft und Pokal, 2013 erreichte er das Finale der Champions League. 2014, 2015 und 2016 gab es zwar keine Titel,

Lothar Emmerich mit dem Europapokal von 1966.

Deutscher Meister 2011: Borussia Dortmund.

Titel und Erfolge

Deutscher Meister 1956, 1957, 1963, 1995, 1996, 2002, 2011, 2012
Deutscher Vizemeister 1949, 1961, 1966, 1992, 2013, 2014, 2016

Gewinner Champions League 1997
Champions-League-Finalist 2013

UEFA-Pokalfinalist 1993, 2002

Gewinner Europapokal der Pokalsieger 1966

Weltpokalsieger 1997

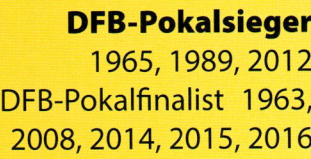 

DFB-Pokalsieger
1965, 1989, 2012
DFB-Pokalfinalist 1963, 2008, 2014, 2015, 2016

aber immerhin die fünfte, sechste und siebte Teilnahme am Pokalfinale, außerdem wurde man 2014 und 2016 Vizemeister. Im Westen Deutschlands sind die Schwarzgelben schon lange die Nummer 1. Nach dem Zweiten Weltkrieg überholten sie den früheren Erfolgsverein Schalke 04 zunächst in der Oberliga West, in der sie bis 1957 sechsmal den 1. Platz errangen, und danach in der Bundesliga. Gäbe es auch einen Titel für die meisten und die besten Fans, so hätten die Borussen noch viel mehr Trophäen in ihrer Vitrine. Denn seit Jahren haben sie den höchsten Zuschauerschnitt, nicht nur in Deutschland, sondern oft auch in ganz Europa. Die tolle Stimmung bei den Heimspielen macht in jedem Augenblick deutlich: Der BVB lebt nicht nur durch seine Erfolge, er ist auch ein Verein mit Herz.

DIE „ZITRONEN" AUS DEM HOESCHVIERTEL

Der BVB 1909 – 1959

Westfälischer Meister 1947

Westdeutscher Meister 1948, 1949, 1950, 1953, 1956, 1957

Deutscher Meister 1956, 1957

Deutscher Vizemeister 1949

Hoeschviertel und Borsigplatz

In der Industriestadt Dortmund, die zu Beginn des 20. Jahrhunderts rund 200.000 Einwohner zählte, war das Stahlwerk Hoesch besonders bedeutsam. Die zahlreichen Arbeitskräfte, von denen viele aus dem Gebiet des heutigen Polen eingewandert waren, wurden in einer Arbeitervorstadt untergebracht, dem „Hoeschviertel". Dort lebten sie in einer eigenen Stadt mit eigenen Läden, Schulen und Kirchen. Der wichtigste Treffpunkt im Hoeschviertel wurde der Borsigplatz. Hier, wo einst Einwandererkinder wie Kwiatkowski, Schlebrowski und Kapitulski die ersten Titel von Borussia Dortmund feierten, jubeln die Fans auch heute noch über die Erfolge ihres BVB, und hier begann auch die Geschichte des Vereins.

Die Gründungsstätte des BVB: Das Wirtshaus „Zum Wildschütz" am Borsigplatz, Oesterholzstraße 60.

Fußball und Kirche

In Deutschland war der Fußball zunächst ein ziemlich vornehmer Sport. Die ersten Fußballklubs wurden häufig von Gymnasiasten und Studenten gegründet. Die Söhne von Arbeitern, die nur eine Volksschulausbildung hatten, durften in solche Vereine nicht eintreten. Erst nach 1900 entstanden in Arbeitersiedlungen, im Umfeld von Wirtshäusern und Betrieben oder aus kirchlichen Jugendgemeinschaften erste Arbeiterklubs.

Der BVB ging aus der Gemeinde der katholischen Dreifaltigkeitskirche im Dortmunder Nordosten hervor. Seit dem Jahr 1901 gab es eine Jugendgruppe, die „Jünglingssodalität" genannt wurde.

Kinder der Dreifaltigkeitsgemeinde im Jahr 1906 bei Ballspielen auf der „Weißen Wiese".

Elf der 18 BVB-Gründer im guten Anzug auf der „Weißen Wiese" (v.li.): August Tönnesmann, Paul und Franz Braun, Franz Risse, Fritz Schulte, Fritz Weber, Paul Dziendziella, Hans Kahn, Hans Debest, Julius und Wilhelm Jacobi.

Deren männliche Mitglieder trafen sich regelmäßig zum Religionsunterricht. Sie musizierten aber auch gemeinsam, spielten Theater und betrieben Sport. Neben Turnen, Leichtathletik oder Handball begeisterten sich die Jungen auch bald für den Fußball. Das kam bei der Kirchenleitung allerdings gar nicht gut an.

1909: Die Gründung des BVB 09 Dortmund

Leiter der Jugendgruppe war seit 1906 Hubert Dewald. Er war ein strenggläubiger Geistlicher und meinte, dass das Fußballspiel nichts für junge Katholiken sei. Auf der Kanzel in der Kirche wetterte er gegen das „rohe" und „wilde" Treiben. Aber die Fußballbegeisterung ließ sich nicht unterdrücken. Irgendwann hatten die jungen Männer genug von Dewalds Ermahnungen und Verboten. Sie beschlossen daher, ihre Fußballspiele künftig selbst zu organisieren.

Am 19. Dezember 1909, dem vierten Adventssonntag, trafen sich 50 Fußballbegeisterte in einem Nebenraum des Wirtshauses „Zum Wildschütz" am Borsigplatz. Dort sprachen sie darüber, einen eigenen Verein zu gründen. Die Versammlung hatte gerade begonnen, da erschien Dewald vor dem Wirtshaus. Als ihm die Wortführer der Gruppe verbieten wollten, einzutreten, wurde es vielen mulmig. Sie wollten keinen Streit mit der Gemeinde und verließen den Versammlungsraum. Übrig blieben 18 Fußballer, die nun den „Ballspielverein Borussia" (BVB) gründeten.

Erste Wettspiele

Ende 1910 wurde der BVB in den Westdeutschen Spielverband (WSV) aufgenommen und konnte nun am offiziellen Wettspielbetrieb teilnehmen. Das erste Spiel fand am 15. Januar 1911 gegen den VfB Dortmund auf der „Weißen Wiese" an der Wambeler Straße statt. Es wurde mit 9:3 gewonnen. Die erste Spielkleidung der Borussen bestand aus einem blau-weiß gestreiften Trikot und schwarzer Hose. Über dem Hemd trugen die Spieler eine rote Schärpe. Rot war die Farbe der Arbeiterbewegung, die sich für die Rechte der Arbeiter einsetzte. Viele BVB-Mitglieder waren Anhänger dieser Bewegung. Das erste Meisterschaftsspiel bestritt die Borussia am 10. September 1911 in der C-Klasse, der dritten und untersten Spielklasse des WSV. Es fand in Rauxel gegen die Spielabteilung des dortigen Turnerbundes statt und wurde ebenfalls gewonnen, diesmal mit 1:0. Zum Saisonende belegte der Neuling BVB den 1. Platz und stieg in die B-Klasse auf. Bereits zwei Jahre später, in der Saison 1913/14, folgte der Aufstieg in die A-Klasse, die damals höchste Spielklasse. 1914 brach der Erste Weltkrieg aus. Er dauerte vier Jahre und verhinderte einen normalen Spielbetrieb.

Lange Zeit nur zweite Wahl

Seit August 1924 besaß der BVB mit dem Borussia-Sportplatz eine tolle Spielstätte, sportlich aber ging es nicht recht voran. Die Borussia war 1919 in die zweite Klasse zurückgestuft worden und blieb dort viele Jahre hängen. Einen Aufschwung gab es erst 1935, als die ersten Trainer zum BVB kamen. Das waren Ernst Kuzorra, der Star des damaligen Spitzenvereins Schalke 04, und sein Schwager Fritz Thelen.

Die Zitronengelben

Im Sommer 1912 schlossen sich die drei Dortmunder Vereine „Rhenania", „Britannia" und „Deutsche Flagge" der Borussia an, weil der Westdeutsche Spielverband keine neuen Klubs aufnahm. Wenig später wechselte der BVB die Vereinsfarben. Am 4. Februar 1913 wurde beschlossen, ab sofort mit zitronengelben Trikots und schwarzen Hosen aufzulaufen. Zitronengelb und Schwarz waren die früheren Vereinsfarben des Klubs Britannia. Fortan wurden die Borussen auch „die Zitronen" genannt.

Die Mannschaft des BVB vor dem ersten Wettspiel am 15. Januar 1911 auf der „Weißen Wiese", dem späteren Borussia-Sportplatz.

1936: Aufstieg in die Gauliga

Die Borussia spielte eine tolle Saison 1935/36. Am letzten Spieltag benötigte sie beim DSC Hagen ein Unentschieden, um Meister in der Bezirksklasse Dortmund zu werden. August Lenz sicherte den entscheidenden Punkt mit dem Ausgleich zum 2:2 in der letzten Spielminute. Der BVB durfte jetzt an der Aufstiegsrunde zur Gauliga Westfalen teilnehmen. Er erreichte den 2. Platz und war damit wieder erstklassig. Der Aufstiegsheld August Lenz war der Star der folgenden Jahre. Der Ausnahmestürmer schoss Tore am Fließband.

In ihrer ersten Gauliga-Saison hielten sich die Schwarzgelben beachtlich und erreichten immerhin den 3. Platz. Auch im Tschammerpokal, dem Vorläufer des DFB-Pokals, schafften die Borussen eine Überraschung. Sie kamen bis ins Viertelfinale, wo sie Waldhof Mannheim nur knapp mit 3:4 unterlagen.

Bald war der BVB genauso gut wie die damals besten Vereine. Im Süden Dortmunds entstand ein neues großes Stadion, die Kampfbahn Rote Erde. Bei Heimspielen gab es jetzt eine tolle Unterstützung durch die Fans. Außerdem wurde die Borussia spielerisch immer besser. Dafür waren zwei Trainer aus der damaligen Fußball-Hochburg Wien verantwortlich: zuerst Ferdl Swatosch, später Willi Sevcik.

Aufstiegsfeier am Borsigplatz 1936 vor der Vereinsgaststätte „Haus Herzog".

1943: Der erste Sieg gegen Schalke

1938 und 1942 erreichte der BVB den 2. Platz hinter dem Dauer-Meister Schalke 04. Am 14. November 1943 aber gewann die Borussia erstmals gegen Schalke. Trotz des Zweiten Weltkriegs, der seit 1939 tobte, kamen 12.000 Fußballfans in die Kampfbahn Rote Erde, um das große Spiel anzuschauen. August Lenz erzielte bereits in der 8. Minute das 1:0. Mit Können und Glück konnte die Borussia den knappen Vorsprung bis zum Schlusspfiff verteidigen.

August Lenz schoss das Tor beim ersten Sieg gegen Schalke.

Die Oberliga West
Die Oberliga West hat bis heute einen großartigen Ruf. Die Stadien waren fast immer voll, weil nicht nur der BVB und Schalke, sondern auch zahlreiche kleine Vereine tollen Fußball boten. Das waren Klubs wie die Sportfreunde Katernberg, die Spielvereinigung Erkenschwick, der SV Sodingen, der STV Horst-Emscher oder Hamborn 07. Diese kleinen Vereine fanden ihre Spieler und Anhänger unter den Arbeitern der großen Betriebe, und die Betriebe selbst unterstützten diese kleinen Klubs.

Der Westfalenmeister von 1947: Borussia Dortmund.

Der Ball vom Derby am 18. Mai 1947.

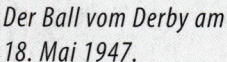

1947: Der BVB zum ersten Mal vor Schalke

Nach dem Ende des Zweiten Weltkriegs im Mai 1945 lagen große Teile des Ruhrgebiets in Schutt und Asche. Stadien und Fußballplätze mussten wiederaufgebaut werden. Doch schon wenige Monate später konnte in Dortmund wieder Fußball gespielt werden. Ab 1946 gab es auch wieder Spiele in der Westfalenliga, die in zwei Gruppen ausgetragen wurde. In der Saison 1947/48 landete die Borussia in ihrer Gruppe auf dem 1. Platz mit drei Punkten Vorsprung vor der SpVgg Erkenschwick. Das war der größte Erfolg in der bisherigen Vereinsgeschichte.

Aber es sollte noch besser kommen. Am 18. Mai 1947 kam es im Herner Stadion am Schloss Strünkede zum Endspiel um die Westfalenmeisterschaft gegen den Sieger der anderen Gruppe. Das war

natürlich kein anderer als der FC Schalke 04. Der BVB gewann 3:2. Die Tore schossen Michallek, Ruhmhofer und Sandmann, Lenz glänzte diesmal als Vorbereiter. Dieser Sieg gegen Schalke bedeutete einen Wendepunkt in der Fußballgeschichte des Ruhrgebiets. Die Gelsenkirchener waren nun nicht mehr die unumstrittene Nummer 1 in Westdeutschland.

Pokal für die Westdeutsche Meisterschaft 1950.

1949: Pech in der Meisterschaft

Die Oberliga West wurde 1947 gegründet und umfasste ganz Nordrhein-Westfalen. In dieser Liga erlebte der BVB tolle Jahre. Von der ersten Saison an wurde der BVB dreimal hintereinander Westdeutscher Meister, und 1949 erreichte die Borussia sogar das Finale um die Deutsche Meisterschaft. Es fand an einem sehr heißen Julitag in Stuttgart statt. Gegner war der VfR Mannheim. Vor 92.000 Zuschauern ging der BVB durch Treffer von Herbert Erdmann zweimal in Führung, doch zweimal konnte Mannheim ausgleichen. In der Verlängerung waren die Spieler beider Teams völlig platt. Mannheim schoss noch ein Tor und war der glückliche Sieger.

Im Jahr 1953 wurde die Borussia zum vierten Mal Meister der Oberliga West, verpasste aber knapp die Qualifikation für das Finale um die Deutsche Meisterschaft.

Mikuda
Borussia Dortmund

Sahm
Borussia Dortmund

Oben: Sammelbilder der Spieler Kurt Sahm und Alfred Mikuda. Beide kamen Anfang der 1950er Jahre vom Arbeiterklub STV Horst-Emscher zum BVB.

Unten: Das Finale um die Deutsche Meisterschaft am 10. Juli 1949 in Stuttgart: BVB-Verteidiger Heinrich Ruhmhofer im Duell mit Mannheims Stürmer Löttke.

Eintrittskarten für die Endspiele 1956 und 1957.

1956: Drei Alfredos und ein Meistertitel

In der Saison 1955/56 bildeten die drei Stürmer Alfred Niepieklo, Alfred Kelbassa und Alfred Preißler das torgefährlichste schwarzgelbe Trio aller Zeiten. In der Oberliga schossen sie 63 der 78 Treffer des BVB, der zum fünften Mal Westdeutscher Meister wurde. Auch in den sieben Spielen der Endrunde um die Deutsche Meisterschaft verbreiteten die drei torhungrigen Spieler Furcht und Schrecken im Strafraum der BVB-Gegner. 17 der 19 Borussen-Tore auf dem Weg ins Finale gingen auf das Konto der „drei Alfredos".

Es war klar, dass die Borussia mit ihren tollen Alfredos nun auch das Endspiel gewinnen wollte. Vor 60.000 Zuschauern im Berliner Olympiastadion schoss aber der Gegner Karlsruher SC das erste Tor. Doch auf die drei Alfredos war Verlass. Jeder von ihnen schoss ein Tor, Peters sorgte für den vierten Treffer. Ein Eigentor von Burgsmüller in der 62. Minute zum 4:2 hatte keine Folgen mehr. Endlich: Der BVB war zum ersten Mal Deutscher Meister! Außerdem war die Borussia damit für den Europapokal der Landesmeister qualifiziert.

1957: Eine Mannschaft, zwei Meisterschaften

Im Europapokal schied die Borussia bereits in der zweiten Runde gegen Manchester United aus. Dafür konnte sie in der Deutschen Meisterschaft den Erfolg vom Vorjahr wiederholen. Der BVB wurde zum sechsten Mal Westmeister. Wieder waren die drei Alfredos die besten Torschützen. Doch diesmal in anderer Besetzung: Der junge Alfred „Aki" Schmidt hatte Alfred Niepieklo in vielen

DM-Finale 1956: Niepieklo erzielt nach blitzschneller Drehung den 1:1-Ausgleich für den BVB gegen den KSC.

Spielen ersetzt und dabei 13 Tore erzielt. In der Endrunde gewann der BVB alle Spiele überzeugend und traf im Finale vor 76.000 Zuschauern in Hannover auf den Nordmeister Hamburger SV. Völlig überraschend verzichtete Dortmunds Trainer Helmut Schneider in diesem Spiel auf den jungen Nationalspieler Schmidt. Stattdessen setzte er Niepiek-lo ein. Seine Idee war, mit derselben Aufstellung wie im Vorjahr zu gewin-nen. Es klappte: Kelbassa und eben Nie-pieklo sorgten mit jeweils zwei Toren für einen nie gefährdeten 4:1-Sieg. Es war das einzige Mal in der Geschichte des deutschen Fußballs, dass dieselben elf Fußballer zweimal ein Finale um die Deutsche Meisterschaft gewannen.

DIE AUFSTELLUNG DES BVB IN DEN ENDSPIELEN 1956 UND 1957

WM-System

Die BVB-Mannschaft der 1950er Jahre glänzte nicht nur durch Kampfkraft und Disziplin. Ein Erfolgsgeheimnis war auch die gute Organisation. Man spiel-te damals im WM-System, das aus Eng-land stammte. Zuvor hatte man mit zwei Verteidigern, drei Läufern und fünf Stürmern gespielt (2-3-5). Im WM-Sys-tem standen drei Verteidiger und zwei Mittelfeldspieler in der Defensive. Die Offensive wurde aus zwei Halbstür-mern und drei Sturmspitzen gebildet. Von oben betrachtet sah diese Aufstel-lung nun wie ein „W" aus (die Offensive), die auf einem „M" stand (die Defensi-ve). Diese Aufstellung verstärkte die De-fensive und erlaubte ein vielfältigeres Kombinationsspiel.

Die Meister von 1957 bei ihrem Triumphzug vom Hauptbahnhof in die Dortmunder City.

DIE BESTEN SCHWARZGELBEN
Die Doppelmeister von 1956 und 1957

Die schönsten Sprüche

„Der Fußball hat uns geformt. Uns Disziplin beigebracht, Teamgeist. Vor allem aber die Erkenntnis: Allein bist du eine Pflaume."
Helmut Bracht

„Grau is' alle Theorie – entscheidend is' auf'm Platz".
Alfred Preißler

Helmut Bracht, der „Ölprinz".

Heinrich Kwiatkowski hatte bereits bei Schalke und Rot-Weiss Essen das Tor gehütet, bevor er zur Borussia kam. „Kwiat" war ein sehr zuverlässiger Torwart, der meist ohne tolle Flüge durch den Strafraum auskam. Er konnte gefährliche Situationen voraussehen und sie mit klugem Stellungsspiel frühzeitig entschärfen.

Der rechte Verteidiger **Wilhelm Burgsmüller** bestach vor allem durch seine Schnelligkeit. Trotz ausgezeichneter Leistungen wurde er von Bundestrainer Sepp Herberger nie in die Nationalmannschaft berufen. Ähnlich erging es **Max Michallek,** dem herausragenden Spielmacher und Stopper des BVB, der wegen seiner langen Beine

„Spinne" genannt wurde. Der linke Verteidiger **Herbert Sandmann** war so gut, dass man ihm in Dortmund sogar ein zweijähriges Gastspiel bei Schalke (1949 bis 1951) verzieh. Eine schwere Knieverletzung zwang ihn 1960 zur Beendigung seiner Karriere.

Ein Mann, der 1950 als Bergbau-Arbeiter zum BVB gestoßen war, stellte alle vor ein Rätsel. Hieß er wirklich Elwin? Nicht eher Erwin oder Albin? Man nannte ihn schließlich einfach „Schlebro". **Elwin Schlebrowski** lief sich auf der rechten Mittelfeldseite die Lunge aus dem Hals. **Helmut „Jockel" Bracht,** der aus der BVB-Jugend stammte, gehörte zu den besten linken Läufern in Deutschland. Er war einer der ersten Kicker, die sich noch während ihrer Karriere selbstständig machten: 1957 übernahm der gelernte Kaufmann die Vertretung der Mineralölfirma Shell in Dortmund, was ihm den Spitznamen „Ölprinz" einbrachte.

Auf den Flügeln stürmten **Wolfgang „Sully" Peters** (Rechtsaußen) und **Helmut Kapitulski** (Linksaußen). Der schmale Peters war wieselflink und glänzte mit ganz genauen Flanken. Kapitulski hingegen war kräftig gebaut und kam mit seinem starken linken Fuß gern auch selbst zum Abschluss. Noch viel torgefährlicher als er aber waren die „drei Alfredos".

Alfred „Adi" Preißler ist bis heute mit 168 Toren der Rekordtorschütze des BVB. Der technisch starke Halbstürmer war nicht nur Torjäger, sondern auch lange Jahre so etwas wie die Seele des BVB. Der spätere Trainer hatte für Dortmund ungefähr dieselbe Bedeutung wie Uwe Seeler für Hamburg.
Alfred Niepieklo war nicht weniger torgefährlich als Preißler. 1956 wurde er Torschützenkönig in der Oberliga West, und mit 17 Treffern ist er der erfolgreichste Torschütze des BVB in den Endrunden um die Deutsche Meisterschaft. Der dritte Alfred im Team,

Alfred „Freddi" Kelbassa, spielte im Sturmzentrum. Der Torschützenkönig in der Oberliga West von 1957 und 1958 konnte nicht nur mit dem Ball umgehen, sondern war auch ein hervorragender Leichtathlet: Zweimal wurde er im Fünfkampf (Weitsprung, Speer- und Diskuswerfen, 200- und 1.500-Meter-Lauf) westdeutscher Meister.

Torhüter Heinrich Kwiatkowski

Elwin Schlebrowski

Die drei Alfredos Preißler, Kelbassa und Niepieklo (Mitte) mit Peters (links) und Kapitulski (rechts).

Adi Preißler entkommt im Endspiel 1957 seinem Hamburger Gegenspieler.

POKALE IN DEUTSCHLAND UND EUROPA
Der BVB 1960 – 1989

Deutscher Meister 1963

Deutscher Pokalsieger 1965, 1989

Europapokal der Pokalsieger 1966

Deutscher Vizemeister 1961, 1966

Deutscher Pokalfinalist 1963

1963: Der dritte Meistertitel

Nach den Deutschen Meisterschaften 1956 und 1957 brach die Erfolgself des BVB allmählich auseinander. Die Spieler waren inzwischen einfach zu alt. Im Europapokal 1957/58 schied die Borussia frühzeitig gegen den AC Mailand aus. Es dauerte drei Jahre, bis der BVB wieder Erfolg hatte. Mit jungen Spielern wie „Hoppy" Kurrat, „Charly" Schütz, „Timo" Konietzka und „Emma" Emmerich gelang dem BVB in der Saison 1960/61 der Einzug ins Finale um die Deutsche Meisterschaft. Doch die junge Elf hatte gegen den Rekordmeister 1. FC Nürnberg keine Chance und verlor 0:3.

Die nächste Titelchance gab es 1962/63. Es war die letzte Saison vor der Einführung der Bundesliga und die vorletzte von Bracht und Burgsmüller, den beiden letzten „Alten" im Team. Unter Trainer Hermann Eppenhoff wurde der BVB hinter dem 1. FC Köln Zweiter der Oberliga. Auf dem Weg ins Finale schlug das junge Team den TSV 1860 München, Borussia Neunkirchen und den Hamburger SV. Im Endspiel traf der BVB auf den 1. FC Kön. Vor 75.000 Zuschauern im Stuttgarter Neckarstadion bauten die Borussen cool und konzentriert ihr Spiel auf. Bis zur 65. Minute sorgten Kur-

Ausgabe des „Kicker" zum DM-Endspiel 1963.

rat, Wosab und Schmidt für einen klaren 3:0-Vorsprung. Den Kölnern gelang nur noch ein Ehrentreffer, und die Borussia hatte ihren dritten Meistertitel!

Die BVB-Elf vor dem Endspiel um die Deutsche Meisterschaft 1963 in Stuttgart.

DIE MEISTER-AUFSTELLUNG 1963

Cyliax   Schütz   Wosab

Konietzka   Schmidt

Kurrat   Bracht

Geisler   Paul   Burgsmüller

Wessel

Ein glanzvoller Sieg gegen Benfica

Fast hätte das junge Borussen-Team in der Saison 1962/63 das Double aus Meisterschaft und Pokal gefeiert. Denn erstmals in der Vereinsgeschichte erreichte der BVB auch das Finale des DFB-Pokals. Doch die Schwarzgelben verloren gegen den Hamburger SV mit 0:3. So richteten sich die Dortmunder Hoffnungen auf den Europapokal der Landesmeister, wo in der zweiten Runde der haushohe Favorit Benfica Lissabon aus Portugal wartete.

Im Hinspiel bei der damaligen Spitzenmannschaft von Benfica kämpfte der BVB tapfer und verlor lediglich mit 1:2. Beim Rückspiel war die Rote Erde mit 43.000 Zuschauern übervoll. Der BVB zeigte eine der besten Leistungen einer deutschen Mannschaft im Europapokal überhaupt. Nach dem 1:0 durch Konietzka spielten die Borussen den Gegner förmlich an die Wand. Das „Goldköpfchen" Brungs traf gleich dreimal, Wosab sorgte für das 5:0. Im Viertelfinale hatte der BVB keine Mühe gegen den tschechischen Meister Dukla Prag. Leider folgte im Halbfinale gegen die abwehrstarken Italiener von Inter Mailand das Aus (2:2, 0:2).

Szene aus dem Pokalendspiel 1963: BVB-Keeper Wessel klärt gegen Hamburgs Dörfel.

Die Zeitung „Fußballsport" feiert den Sieg des BVB gegen Benfica.

Bundesliga-Auftakt und Pokalsieg 1965

Als Titelverteidiger gehörte der BVB vor dem Anpfiff der ersten Bundesliga-Saison natürlich zu den Favoriten. Doch die Spielzeit 1963/64 verlief etwas enttäuschend. Am Ende reichte es nur zu einem 4. Platz. In der Saison 1964/65 verbesserte sich die Borussia auf den 3. Platz. Eine besondere Freude für ganz Dortmund war ein 6:2-Sieg auf Schalke (bei einer 6:0-Halbzeitführung!) am 6. Spieltag. Den größten Jubel aber gab es diesmal im DFB-Pokal. Der BVB schaffte es bis ins Finale und traf dort auf den Zweitligisten Alemannia Aachen. 68.000 Zuschauer sahen in Hannover ein ziemlich schwaches Spiel. Nach einer schnellen 2:0-Führung durch Schmidt und Emmerich schaukelten die Schwarzgelben das Ergebnis über die Zeit. Erstmals in seiner Vereinsgeschichte war der BVB Pokalsieger!

Mit dem neuen Trainer Willi Multhaup startete der BVB in die Saison 1965/66. Nicht mehr dabei waren die beiden abgewanderten Torjäger Brungs und Konietzka. In der Rückrunde spielten die Borussen groß auf. Sie fertigten Schalke in der Roten Erde mit 7:0 ab, und Lothar Emmerich wurde mit 31 Treffern Torschützenkönig. Durch eine Heimniederlage gegen den späteren Meister 1860 München am vorletzten Spieltag verspielte man jedoch die Meisterschaft und wurde am Ende nur Zweiter. Aber man konnte sich trösten: Einige Tage zuvor hatte man im Europapokal triumphiert!

Rechts: Aki Schmidt und Aachens Jupp Martinelli begrüßen sich vor dem Anpfiff des Pokalfinales.

Unten: Der Pokalsieger BVB auf der Jubelrunde.

1965/66: „Schreckliche Zwillinge" im Europapokal

Noch keine deutsche Mannschaft konnte bisher einen der drei europäischen Pokale gewinnen. Der BVB wollte das nun ändern. Die große Chance dazu gab es im Europapokal der Pokalsieger, an dem er als Gewinner des DFB-Pokals teilnehmen durfte. Unterstützt von den beiden Offensiv-Verteidigern Cyliax und Redder wirbelte das Stürmer-Trio Libuda, Held und Emmerich die Abwehrreihen der Gegner durcheinander. Der BVB erzielte 22 Treffer in sechs Spielen und traf dann im Halbfinale auf den Titelverteidiger West Ham United aus der englischen Hauptstadt London. Der BVB gewann beide Spiele (2:1, 3:1). In England war man tief beeindruckt, vor allem von Siggi Held und Lothar Emmerich, die im laufenden Wettbewerb zusammen

Nach dem Sieg gegen Liverpool: Trainer Multhaup auf den Schultern seiner Spieler.

AUFSTELLUNG IM FINALE DES EUROPAPOKALS DER POKALSIEGER 1966

Emmerich — Held — Libuda

Sturm — Schmidt

Assauer — Kurrat

Redder — Paul — Cyliax

Tilkowski

bereits 17 Treffer erzielt hatten. Diese „schrecklichen Zwillinge", meinten englische Journalisten, brächten jedem Gegner das Zittern bei. Aber würde auch der Finalgegner, der berühmte FC Liverpool, vor den „schrecklichen Zwillingen" zittern?

Liverpool war im Hampden Park von Glasgow das überlegene Team. Doch das erste Tor schoss in der 61. Minute der „schreckliche Zwilling" Siggi Held. Die Engländer zitterten aber nicht, sondern hielten dagegen und erzielten nur sieben Minuten später den Ausgleich. Dabei blieb es bis zur 90. Minute. In der Verlängerung schnürte Liverpool den BVB immer mehr ein. Eine Niederlage der Borussia schien nur noch eine Frage der Zeit, da hatte Libuda plötzlich eine Idee. In der 106. Minute versuchte er aus mehr als 30 Metern Entfernung einen Torschuss. Der Ball flog in hohem Bogen über Torwart Lawrence hinweg und landete an der Querlatte. Von dort prallte er gegen den Körper von Verteidiger Yeats und danach ins Tor. Das war die Entscheidung – und der BVB das erste deutsche Team, das einen europäischen Titel gewann!

DIE BESTEN SCHWARZGELBEN
Die Stars der 1960er Jahre

Max und Moritz

Jürgen „Charly" Schütz und **Friedhelm „Timo" Konietzka** bildeten von 1959 bis 1963 in der Oberliga West ein sagenhaftes Sturmduo. In vier Spielzeiten mit insgesamt 120 Spieltagen brachten sie es zusammen auf 170 Treffer für den BVB. Da die beiden auch außerhalb des Platzes schier unzertrennlich waren, nannte man sie bald nur noch „Max und Moritz". Schütz war zwischen 1959 und 1963 dreimal Torschützenkönig der Oberliga West. Konietzka brachte es in seiner Bundesligazeit für den BVB und 1860 München auf 72 Tore in 100 Spielen. Diese Quote von 0,72 Treffern pro Spiel übertraf bislang nur einer: Gerd Müller vom FC Bayern München.

Hans Tilkowski war lange Zeit die Nummer 1 in Dortmund und in der Nationalmannschaft.

Die Europapokalsieger von 1966

Der gebürtige Dortmunder **Hans Tilkowski** war seit 1963 Torhüter beim BVB und über zehn Jahre lang Stammspieler in der deutschen Nationalmannschaft. Er stand auch im deutschen Kasten, als im WM-Finale 1966 gegen England das legendäre Wembley-Tor fiel.

Der enorm schnelle Ex-Stürmer **Gerhard Cyliax** und der flinke **Theo Redder** schalteten sich als Offensiv-Verteidiger häufig in den Angriff ein. Aber sie bewährten sich genauso als zuverlässiges Abwehrduo, an dem

sich die Stürmer in der Bundesliga und im Europapokal die Zähne ausbissen. Der nur 1,63 Meter große **Dieter „Hoppy" Kurrat** war 14 Jahre und 612 Spiele lang ein bissiger „Terrier" in der Defensive des BVB, der sich von kaum einem Gegner abschütteln ließ. Später ahmte ihn Berti Vogts nach, der Nationalverteidiger von Borussia Mönchengladbach. **Wolfgang Paul,** ein baumlanger Westfale, war stets besonnen und mit seiner Kopfballstärke oft „Turm in der Schlacht". Er glänzte aber nicht nur als Abwehrchef, sondern auch

Gerd Cyliax betritt zusammen mit dem kleinen „Terrier" Dieter „Hoppy" Kurrat das Stadion.

Von links: „Timo" Konietzka, Aki Schmidt, Reinhard Libuda, Wolfgang Paul, Wilhelm Sturm

als Ankurbler und Kapitän der Borussia. An seiner Seite spielte sechs Jahre lang ein kantiger Außenläufer, der später als Zigarrenraucher und Manager von Schalke 04 berühmt werden sollte: **Rudi Assauer.**

Nach dem berühmten englischen Rechtsaußen Stanley Matthews wurde der Dribbelkönig **Reinhard Libuda** „Stan" genannt. Auf Schalke war er zum Star geworden, beim BVB spielte er drei Jahre lang oft eher schlecht als recht: In 174 Spielen brachte er es nur auf acht Treffer. **Alfred „Aki" Schmidt** war mit der Borussia bereits zweifacher Deutscher Meister (1957 und 1963) und Sieger im DFB-Pokal (1965), bevor er mit

herausragenden Leistungen auch noch zum Gewinn des Europapokals beitrug. **Sigfried „Siggi" Held,** der Mann mit den buschigen Augenbrauen, erwies sich als treffsicherer Mittelstürmer, war aber als Vorbereiter oft sogar noch besser. Siggis Vorlagen machten seinen Sturmpartner zum gefürchteten Torjäger: den schussgewaltigen **Lothar „Emma" Emmerich.** Der Mann mit der „linken Klebe" war einer der besten deutschen Stürmer der Nachkriegszeit und mehrfacher Torschützenkönig der Bundesliga. Dritter Stürmer im Finale von 1966 war der vielseitige und immer mannschaftsdienlich spielende **Willi Sturm.** Nach seinem famosen Auftritt gegen Liverpool erhielt er ein Angebot vom englischen Spitzenklub Manchester United, aber er wollte lieber beim BVB bleiben.

Die legendären „schrecklichen Zwillinge" Lothar Emmerich und Siggi Held.

Und wieder hat es eingeschlagen: eines von elf Toren, die Jürgen Rynio am 27. November 1971 in München kassierte.

Rekordabsteiger
Am 27. November 1971 ging der spätere Absteiger Borussia Dortmund beim FC Bayern München mit 1:11 unter. Im Tor stand Jürgen Rynio. Der Keeper war bereits mit dem Karlsruher SC und dem 1. FC Nürnberg abgestiegen. Nach dem Abstieg mit dem BVB 1972 stieg er danach auch noch mit St. Pauli und Hannover 96 ab – und stellte damit einen Rekord auf.

1972: Abstieg mit Ansage

Schon vor dem Anpfiff der Saison 1966/67 traf man bei der Borussia schlechte Entscheidungen: Man ließ den Erfolgstrainer Multhaup nach Köln wechseln und ersetzte ihn durch den unerfahrenen Hans Maurach. Die bewährten Kräfte, die ausschieden (Bracht, Burgsmüller), wurden nicht durch gleichwertige Spieler ersetzt. So begann der allmähliche Niedergang der Schwarzgelben. Immer schneller wechselten die Trainer, immer mehr Topspieler verließen den Verein. Lothar Emmerich verabschiedete sich 1969. Im Jahr darauf beendete der langjährige Kapitän Wolfgang Paul seine Karriere, und 1971 ging auch Siggi Held.

Es war ein Abstieg mit langem Anlauf. 1967/68 reichte es nur noch für Tabellenplatz 14. 1968/69 konnte die Borussia sich erst am letzten Spieltag durch einen 3:0-Heimsieg gegen Kickers Offenbach retten. Nach einem kleinen Aufschwung war es 1970/71 bei nur zwei Punkten Vorsprung auf einen Abstiegsplatz wieder knapp. 1971/72 kam schließlich, was kommen musste: Der 17. Platz und damit der Abstieg in die Regionalliga, die damalige 2. Liga. Zum sportlichen Absturz gesellten sich dann auch noch Geldprobleme: Denn wegen der immer schlechteren Spiele waren auch immer weniger Zuschauer in die Rote Erde gekommen.

Vier Jahre nur zweite Klasse

Drei Spielzeiten lang schaffte es der BVB weder in der Regionalliga noch in der neu geschaffenen 2. Bundesliga in die Nähe der Aufstiegsränge. Immerhin bekam man die Geldprobleme langsam in den Griff. Vor allem das Westfalenstadion, das zur Fußball-Weltmeisterschaft 1974 errichtet wurde, versprach eine bessere Zukunft. Und so ging es allmählich aufwärts. Der Zweitligist aus Dortmund kam im DFB-Pokal bis ins Halbfinale, wo er am 29. April 1975 gegen Duisburg erst in der Verlängerung mit 1:2 unterlag. Nach dem Überraschungserfolg im Pokal gelang dann in der Saison 1975/76 auch tatsächlich der Wiederaufstieg in die 1. Liga: Die Borussia erreichte hinter TeBe Berlin den 2. Platz in der 2. Bundesliga Nord und musste gegen den Zweiten der 2. Bundesliga Süd, den 1. FC Nürnberg, um den Aufstieg spielen. Nach zwei hart umkämpften Siegen (1:0, 3:2) war der BVB endlich wieder erstklassig.

Zuschauerboom und Torhagel

Um in der Bundesliga zu bestehen, setzte der BVB auf erfahrene Kräfte wie Willi „Ente" Lippens und Manni Burgsmüller. Tatsächlich erreichte der Aufsteiger auf Anhieb einen guten 8. Platz. Bei den Fans waren die Schwarzgelben mit einem Zuschauerschnitt von über 43.000 sogar die Nummer 1. Die Kassen des BVB waren dadurch gut gefüllt, die Zukunft schien rosig. Doch die Saison 1977/78 endete mit einem enttäuschenden 11. Platz und einem fürchterlichen 0:12 am letzten Spieltag gegen Borussia Mönchengladbach. Trainer Otto Rehhagel, der seit den Aufstiegsspielen das Kommando beim BVB führte, wurde von den Fans als „Otto Torhagel" verspottet und musste gehen.

Oben: Das Aufstiegsteam von 1976. Links Helmut Nerlinger, Borussias Kapitän.

Mitte: BVB-Torhüter Horst Bertram. Er hielt in den Aufstiegsspielen herausragend und wurde von seinem Team als „König" gefeiert.

Unten: Jubelnde BVB-Fans schwören: Nie mehr 2. Liga!

1986: Rettung in letzter Minute

Nach Otto Rehhagel versuchten sich innerhalb von acht Jahren nicht weniger als 16 Trainer in Dortmund. Ein neues Spitzenteam konnte keiner formen. Geradezu schrecklich war die Saison 1985/86. Bei den Ruhrpottrivalen Bochum und Schalke gingen die Schwarzgelben jeweils mit 1:6 unter, am Ende landeten sie auf Platz 16. Den direkten Abstieg hatten sie gerade noch vermieden. Aber sie mussten in die Relegation.

Die Relegation bedeutete, dass der BVB als Drittletzter der 1. Bundesliga in zwei Entscheidungsspielen gegen den Dritten der 2. Bundesliga antreten musste. Das war Fortuna Köln. Ein leichter Gegner, wie es schien. Aber in Köln verloren die Borussen mit 0:2. Im Rückspiel war es verdammt knapp. Bis kurz vor Schluss stand es 2:1. In der 90. Minute wurde der BVB-Stürmer Jürgen Wegmann angeschossen und der Ball trudelte zum 3:1 ins Fortunen-Tor. Insgesamt hieß es nun 3:3. Ein Entscheidungsspiel war nötig. Auf neutralem Platz, im Düsseldorfer Rheinstadion, feuerten über 30.000 BVB-Fans ihr Team an. Bis zur Halbzeit war es eine Zitterpartie, die Borussia führte lediglich mit 1:0.

Dann aber brach die Fortuna zusammen. Beim Schlusspfiff stand ein unfassbares Ergebnis auf der Anzeigetafel – 8:0.

1989: Dickel holt den Titel im DFB-Pokal

Der gerade noch abgewendete Abstieg wirkte auf die Borussia wie ein „heilsamer Schock". Mit neuen Klasse-Spielern wie Frank Mill, Norbert Dickel und Thomas Helmer startete der BVB in die Saison 1986/87. Zum Auftakt beim FC Bayern hätte das neuformierte Team beinahe gewonnen. Bei einem Konter hatte Mill bereits den aus seinem Tor herausgestürzten Bayern-Keeper Pfaff ausgespielt. Er lief 20 Meter allein aufs leere Tor zu … und schoss an den Pfosten. So endete

Abwehrrecke Dirk Hupe wird nach dem Sieg im zweiten Relegationsspiel von begeisterten Fans vom Platz getragen.

das Spiel 2:2. Es folgte eine gute Saison, an deren Ende die Borussia Vierter war. Weitere Talente wie Andreas Möller und Michael Rummenigge verstärkten den BVB zur Saison 1988/89. In der Bundesliga reichte es unter dem neuen Trainer Horst Köppel zwar nur zu einem 7. Platz, aber im DFB-Pokal gab es endlich mal wieder einen tollen Erfolg. Nachdem man unter anderem Schalke mit 3:2 besiegt hatte, traf man im Finale auf Werder Bremen. Unter den 76.000 Zuschauern waren 40.000 Fans in Schwarzgelb, die ihr Team zum Sieg schreien wollten. Es war das Spiel des Norbert Dickel. Der stets mit vollem Einsatz rackernde Stürmer hatte sich zum Ende der Saison schwer am Knie verletzt, wollte sich dieses Finale aber trotzdem nicht entgehen lassen. Nach der Führung der Bremer gelang Dickel der Ausgleich. In der zweiten Halb-

Nach dem ersten Heimspiel 1986/87 gegen Leverkusen bedanken sich die Spieler bei den Fans. Sie hatten in der „Fast-Abstiegssaison" 1985/86 ihr Team toll unterstützt.

zeit erzielten Mill, erneut Dickel sowie Lusch die Treffer zum 4:1-Sieg. Der Jubel über diesen größten und schönsten Erfolg der Dortmunder seit dem Europapokalsieg 1966 war unbeschreiblich.

DIE AUFSTELLUNG IM POKAL-FINALE VOM 24. JUNI 1989

Frank Mill küsst den Pokal.

Mill Dickel**

M. Rummenigge Möller Zorc

Breitzke* MacLeod Helmer Kutowski

Kroth

de Beer

*73. Lusch, **77. Storck

FANS, WIR DANKEN EUCH

DIE BESTEN SCHWARZGELBEN
Die Stars von 1979 bis 1989

Als 17-Jähriger begann der spätere National-torwart **Eike Immel** seine Karriere beim BVB. Insgesamt stand der sprunggewaltige Torhüter in 534 Spielen für die Borussia und den VfB Stuttgart zwischen den Pfosten. Sein Nachfolger **Wolfgang „Teddy" de Beer** war ab 1986 in 181 Bundesligaspielen eine tolle Nummer 1. Nach jeder Super-Parade sangen die Fans „Olala, Teddy wunderbar".

Günter „Kutte" Kutowski grätschte, schuftete und rannte zwölf Jahre lang für den BVB. Die Fans liebten den nimmermüden Rackerer. Selbst als er aufgehört hatte, riefen sie noch manchmal seinen Namen: Dann nämlich, wenn die Spieler auf dem Rasen keine Leistung brachten. Drei Spielzeiten lang wurde auch der Schotte **Murdo MacLeod** von der Südtribüne als ehrlicher Arbeiter gefeiert. Insgesamt 13 Jahre war der umsichtige Verteidiger **Thomas Helmer** in der Bundesliga für die Borussia und den FC Bayern aktiv. Seine größten Erfolge feierte er in München, in die Geschichte des BVB ist er eingegangen als Pokalsieger von 1989.

Im Jahr 1974 begann **Miroslav „Mirko" Votava,** ein gebürtiger Tscheche mit deutscher Staatsangehörigkeit, seine Karriere beim BVB. Der aus der Borussia-Jugend hervorgegangene Dauerläufer war so zuverlässig wie ein Uhrwerk. Als einer der balltechnisch begabtesten und genialsten Spielmacher im schwarzgelben Trikot gilt der Rumäne **Marcel Raducanu.** Leider hatte er zwischen 1982 und 1988 zu wenige Mitspieler, die mit seinen Ideen etwas anfangen konnten. Ein wahrer Dauerbrenner für den BVB war **Michael „Susi" Zorc.** Er bestritt 463 Bundesligaspiele, alle in Schwarzgelb. Die Karriere des defensiven Mittelfeldmotors mit dem Killerinstinkt (49 verwandelte Elfmeter) begann 1981. Sie sollte bis in die Erfolgsära der 1990er Jahre andauern und ist auch

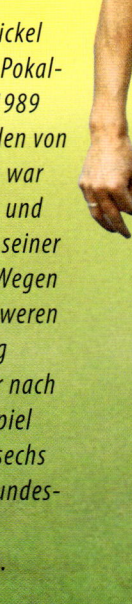

Norbert Dickel wurde im Pokal-endspiel 1989 zum „Helden von Berlin". Es war der Höhe- und Endpunkt seiner Karriere. Wegen seiner schweren Verletzung konnter er nach dem Endspiel nur noch sechs weitere Bundes-ligaspiele bestreiten.

Manni Burgsmüller: Der Ball war sein Freund.

Von links: Thomas Helmer, Murdo MacLeod, Frank Mill, Michael Rummenigge

heute noch nicht vorbei: Seit dem Ende seiner aktiven Karriere 1998 ist das BVB-Urgestein Sportmanager bei den Borussen. Als der Spielmacher **Michael Rummenigge** 1988 vom schicken FC Bayern München zum BVB wechselte, kam er in der Arbeiterstadt Dortmund wegen seiner Hochnäsigkeit gar nicht gut an. Das änderte sich erst, als er auf dem Platz mit Leistung überzeugte.

Ein deutscher Stürmer mit niederländischem Pass, **Willi „Ente" Lippens,** ging als Spaßvogel mit Watschelgang

Dauerbrenner im BVB-Trikot: Michael Zorc.

in die Geschichte von Rot-Weiss Essen ein. Leider machte der Witzbold nur 13 Tore und 70 Spiele für den BVB. **Manfred „Manni" Burgsmüller** stürmte bis zu seinem 40. Lebensjahr in der Bundesliga und ist als Vierter der ewigen Torschützen-Liste einer der besten deutschen Stürmer aller Zeiten. 135 seiner 213 Bundesliga-Tore erzielte der schlitzohrige Torjäger, der nur drei Länderspiele bestreiten durfte, im schwarzgelben Trikot. Wesentlich weniger, nämlich nur 33 Tore, schaffte **Jürgen Wegmann.** Eines davon verhinderte den Abstieg 1986. „Giftiger als die giftigste Schlange" wollte „Kobra" Wegmann gerne sein, aber manchmal war er im Strafraum des Gegners nur eine harmlose Blindschleiche. Der 187-malige Bundesligaspieler **Frank Mill** zeigte sich ab 1986 acht Jahre lang als pfiffiger Stürmer. Viele Fans bewunderten ihn, weil er oft als Rebell auftrat und selbst dem Trainer kräftig die Meinung sagte. Im schwarzgelben Fanlager kennt heute jeder die Stimme von **Norbert Dickel.** Der Stadionsprecher war ein wuchtiger Stürmer und machte sich mit zwei Treffern im Pokalfinale 1989 unsterblich. Bis heute schallt es immer wieder von der Südtribüne: „Wir singen Norbert, Norbert, Norbert Dickel, jeder kennt ihn, den Held von Berlin."

GOLDENE JAHRE MIT BITTEREM ENDE

Der BVB 1990 – 2004

Deutscher Meister 1995, 1996, 2002

Sieger Champions League 1997

Sieger Weltpokal 1997

Deutscher Vizemeister 1992

36

„Italien-Rückkehrer" in Dortmund

Nach dem Gewinn des WM-Titels 1990 spielten viele deutsche National-spieler bei einem der reichen italienischen Klubs. 1992 begann der BVB damit, die besten von ihnen nach Dortmund zu holen:
1992 Stefan Reuter, Matthias Sammer (beide Juventus Turin),
1993 Karl-Heinz Riedle (Lazio Rom),
1994 Andreas Möller (Juventus Turin),
1995 Jürgen Kohler (Juventus Turin),
1996 Jörg Heinrich (AC Florenz).
Weitere „Italien-Importe" in dieser Zeit waren der Brasilianer Julio César, der Portugiese Paulo Sousa (beide Juventus) sowie der Uruguayer Ruben Sosa (Inter Mailand).

UEFA-Cup-Finale 1992/93 gegen Juventus Turin: Hier setzt sich Jürgen Kohler gegen seinen späteren BVB-Mitspieler Knut Reinhardt durch.

Hitzfeld und die „Italiener"

Im Sommer 1991 wechselte der Trainer Ottmar Hitzfeld von den Grasshoppers Zürich nach Dortmund. Das war der Beginn einer neuen goldenen Ära der Borussia. Hitzfeld konnte gut mit den Spielern umgehen und war ein großer Taktiker. Mit dem neuen Stürmer-Duo Stéphane Chapuisat und Flemming Povlsen spielte der BVB sogleich seine erfolgreichste Runde seit Bestehen der Bundesliga. Am Ende der Saison 1991/92 war er punktgleich mit dem Meister VfB Stuttgart und musste sich nur wegen des schlechteren Torverhält-nisses mit dem 2. Platz begnügen. Im Jahr darauf war die Borussia zwar in der Bundesliga nicht ganz so erfolgreich (Platz 4), dafür zog sie aber im UEFA-Pokal ins Finale ein. Dort erwies sich der italienische Topverein Juventus Turin als ein vorerst noch zu starker Gegner: Der BVB verlor die beiden Finalspiele mit 1:3 und 0:3.

Zwei ehemalige Spieler von Juven-tus – Stefan Reuter und Matthias Sammer – spielten zu dieser Zeit bereits in Schwarzgelb. Wenig später lockte der BVB weitere deutsche Nationalspie-ler von Turin nach Dortmund, näm-lich Andreas Möller und Jürgen Koh-ler. Mit diesen „deutschen Italienern" und internationalen Stars wie Julio César verbesserte sich die Borussia enorm. Billig waren diese Transfers na-türlich nicht. Die neuen Vereinsführer, Präsident Gerd Niebaum und Mana-ger Michael Meier, wollten die Borus-sia unbedingt zu einem europäischen Spitzenverein machen. Und sie waren bereit, für dieses Ziel viele Millionen auszugeben.

Andy Möller stemmt die Meisterschale. Nach dem Schlusspfiff des 34. Spieltages 1994/95 verwandelten die Fans das Spielfeld in eine schwarzgelbe Wiese.

1995: Endlich wieder Meister!

In der Saison 1994/95 holte der BVB zu seinem ersten Schlag aus. Es war spannend bis zum letzten Spieltag. In einem stets engen Duell mit Werder Bremen musste der BVB immer wieder verletzte oder gesperrte Stammspieler ersetzen, darunter Povlsen, Möller, César, Chapuisat und Riedle. Aber die Ersatzspieler machten ihre Sache gut. Vom Dortmunder „Baby-Sturm" – Ibrahim Tanko (17 Jahre) und Lars Ricken (18 Jahre) – sprach die ganze Liga mit Bewunderung. Vor dem letzten Spieltag hatte Werder einen Punkt Vorsprung vor dem BVB. Bremen musste in München antreten, Dortmund empfing zuhause den Hamburger SV. Die Borussia gewann ihr

Spiel mit 2:0, während Werder beim FC Bayern mit 1:3 unterlag.

Die Borussia war Meister! Endlich! Es war die erste Deutsche Meisterschaft des BVB nach 32 Jahren und die erste Bundesliga-Meisterschaft für einen Verein aus dem Ruhrgebiet. Entsprechend ausgelassen war die Feier von Zehntausenden Fans auf dem Rasen des Westfalenstadions. Am Tag danach begaben sich die Meister auf eine 15 Kilometer lange Ehrenrunde durch Dortmund, die vor dem Rathaus endete. Über 500.000 Fans bejubelten ihre Helden. Es war die größte Meisterfeier in der Geschichte des deutschen Fußballs!

Peinliches Pokal-Aus

Im DFB-Pokal war der BVB schon öfter gegen unterklassige Mannschaften ausgeschieden, etwa gegen die Amateure aus Wattenscheid und Trier. Aber keine Niederlage war so peinlich wie die am 4. August 1990: Die Borussia verlor beim Viertligisten SpVgg Fürth (Landesliga Mitte Bayern) mit 1:3 – und das auch noch in Überzahl. Wegen einer Roten Karte gleich zu Spielbeginn hatten die Fürther zu zehnt spielen müssen.

Stadionheft zum Finale.

1996: Noch mal Meister – trotz Verletzungspech

Vor dem Beginn der Saison 1995/96 wurde deutlich, dass sich die Borussia mit einem Meistertitel nicht begnügen wollte. Trainer Hitzfeld forderte weitere Verstärkungen und bekam den Bundesliga-Torschützenkönig Heiko Herrlich aus Mönchengladbach sowie das Abwehr-Ass Jürgen Kohler. Die Borussia hatte nun ein Team aus zahlreichen erfahrenen Stars, das zur internationalen Spitze zählte. Und einer davon sollte eine überragende Saison spielen: der unglaublich willensstarke Kapitän und Anführer Matthias Sammer, der sich nicht nur bei der Borussia, sondern auch in der Nationalmannschaft als überragender Dirigent des Spiels zeigte. Doch trotz dieser guten Ausgangslage gab es zunächst Probleme. Wie schon in der zurückliegenden Spielzeit verfolgte den BVB das Verletzungspech. So mussten auch in diesem Jahr oft die jungen Ersatzspieler einspringen. Aber sie enttäuschten nicht. Am 33. Spieltag holten die Hitzfeld-Schützlinge beim TSV 1860 in München ein 2:2. Gleichzeitig gelang Schalke 04 ein 3:2-Heimsieg gegen Borussias Verfolger Bayern München. Damit war das Meisterschaftsrennen bereits entschieden. Nach dem letzten Spieltag betrug der Vorsprung der Borussen satte sechs Punkte. Der zweite Meister-Doppelschlag nach 1956 und 1957, der fünfte Titel insgesamt, war perfekt. Nun fehlte für das ganz große schwarzgelbe Glück nur noch eines: ein europäischer Triumph! In dieser Saison war man im Viertelfinale gegen Ajax Amsterdam ausgeschieden, jetzt wollte man mehr.

1997: Der BVB in Europa an der Spitze

In der Saison 1996/97 reichte es für den BVB in der Bundesliga nur zum 3. Platz, weil die Leistungen in der Rückrunde nachgelassen hatten. Eine Ursache dafür waren die zusätzlichen Anstrengungen in der Champions League. Denn die Borussen marschierten tatsächlich bis ins Endspiel!

Der BVB hatte Widzew Lodz (Polen), Steaua Bukarest (Rumänien), Atlético Madrid (Spanien) und AJ Auxerre (Frankreich) ausgeschaltet. Im Halbfinale besiegte die Borussia den englischen Meister Manchester United zweimal mit 1:0. Nun musste sie nur noch ein Spiel gewinnen: das Finale gegen den Titelverteidiger Juventus Turin.

Schauplatz des Endspiels am 28. Mai 1997 war das Olympiastadion in München. Über 30.000 Dortmunder Fans machten sich auf die Reise, um einen Triumph ihrer Helden zu erleben. Und tatsächlich zeigte die Borussia gegen die haushohen Favoriten um den Superstar Zidane eine überragende Leistung.

Ruhrpott ganz oben
Nach dem Finalsieg des BVB stand fest: Der Ruhrpott war in Europa an der Spitze! Denn die Schalker hatten schon eine Woche zuvor gegen Inter Mailand den UEFA-Cup nach Gelsenkirchen geholt. Und so feierten die Fans der sonst so verfeindeten Vereine wenigstens eine Zeit lang nicht nur ihre eigene Mannschaft, sondern ließen ihre Fußballregion hochleben: „Ruhrpott! Ruhrpott!" Auch in Bochum und Duisburg feierte man mit: Denn der VfL und der MSV hatten sich in der zurückliegenden Saison erstmals für einen europäischen Wettbewerb qualifiziert.

Riedle traf in der ersten Hälfte zweimal ins Juventus-Tor. Nach dem Anschlusstreffer der Italiener in der 65. Minute drohte das Spiel zu kippen. Da schickte Ottmar Hitzfeld in der 70. Minute für den erschöpften Chapuisat seinen Joker Ricken auf das Feld. Er hatte gerade den Platz betreten, als Juve einen Einwurf ausführte. Dortmunds Sousa spritzte dazwischen und spitzelte den Ball zu Möller, der wiederum sofort Ricken bediente. Der junge Stürmer sah, dass Juve-Keeper Peruzzi viel zu weit vor seinem Kasten stand. Vielleicht dachte er an Libudas Tor im Finale von 1966. Jedenfalls lupfte er den Ball wie dieser aus 30 Metern über den Torwart hinweg ins leere Tor. 3:1 für die Borussia. Das war die Entscheidung!

DIE AUFSTELLUNG DES BVB IM FINALE DER CHAMPIONS LEAGUE 1997

*67. Herrlich, ** 70. Ricken, *** 89. Zorc

Unbeschreiblicher Jubel:
Soeben hat Kalle Riedle im Endspiel gegen Juventus das 1:0 erzielt.

DIE BESTEN SCHWARZGELBEN
Die Champions von 1997

Der reaktionsschnelle Torhüter **Stefan Klos** spielte bereits in der Jugend des BVB. In seine Zeit als Profi fallen alle Triumphe des BVB in den 1990er Jahren. Im Dezember 1998 wechselte er nach einem Streit mit dem Vereinsvorstand zu den Glasgow Rangers nach Schottland.

Der sprintstarke „Turbo" **Stefan Reuter** aus dem fränkischen Dinkelsbühl spielte insgesamt zwölf Jahre in Dortmund und war viele Jahre Kapitän der Borussia. Der Weltmeister von 1990 stand als Mittelfeldspieler und rechter Verteidiger für den BVB in 307 Bundesliga- und 85 Europapokalspielen auf dem Platz. Der Innenverteidiger **Jürgen Kohler** kam 1995 zum BVB und blieb bis zu seinem Karriereende 2002 hier. Die BVB-Fans liebten den Weltmeister von 1990 und vielfachen deutschen Nationalspieler wegen seiner kämpferischen Spielweise und besangen ihn als „Fußballgott".

Der Rotschopf **Matthias Sammer,** Weltklasse-Libero und unermüdlicher Antreiber, ist der einzige Dortmunder, der jemals als „Europas Fußballer des Jahres" ausgezeichnet wurde (1996). Er zeigte sich stets als glühend ehrgeiziger „Feuerkopf", zugleich aber dachte und handelte er mit dem taktischen Gespür eines Trainers. **Julio César,** ein Abwehr-Ass und der Erste einer ganzen Reihe von Brasilianern beim BVB, trug für vier Spielzeiten das schwarzgelbe Trikot. Er begeisterte dabei stets mit einer einmaligen Mischung aus Körperkraft und Eleganz am Ball.

Technisch stark und pfeilschnell, manchmal aber etwas zu lasch in der Einstellung – das war der Ruf, der den Mittelfeldregisseur **Andreas Möller** während seiner ganzen Karriere begleitete. Für einen, dem man mangelnden Ehrgeiz vorwarf, gewann er aber ganz schön viele Titel: Weltmeister 1990, Europameister 1996, mehrfacher Deutscher Meister und Pokalsieger, UEFA-Cup-Sieger mit Juventus und Champions-League-Sieger mit dem BVB. Der gebürtige Dortmunder **Lars Ricken** spielte als Profi ausschließlich für die Borussia. Als junger Spieler zeichnete er sich durch Explosivität, Schnelligkeit und Unbekümmertheit aus. Durch tolle und wichtige Tore, insbesondere durch das entscheidende 3:1 im Endspiel der Champions League 1997, wurde er berühmt. Leider erholte er sich nie mehr so richtig von einem schweren Foul im Oktober 1997, als ihm alle drei Bänder im rechten Sprunggelenk rissen.

Langjähriger BVB-Kapitän: Stefan Reuter.

Von links: Matthias Sammer, Stefan Klos, Stéphane Chapuisat, Andreas Möller und Karl-Heinz Riedle

Der Schweizer **Stéphane Chapuisat** ist mit seinen insgesamt 106 Bundesliga-Treffern einer der besten BVB-Torjäger überhaupt. Der brave Musterprofi mit dem Spitznamen „Chappi" spielte acht Jahre in Dortmund und war in dieser Zeit wesentlich an allen Erfolgen beteiligt. **Karl-Heinz Riedle,** „Kalle" genannt, war zwar nicht besonders groß, konnte sich aber im Strafraum so hoch in die Lüfte schrauben, dass er fast jeden Ball mit dem Kopf erreichte. Besonders gefährlich war er im Europapokal, wo er durchschnittlich in jedem zweiten Spiel einen Treffer erzielte – im Champions-League-Finale von 1997 waren es sogar zwei in einem Spiel.

Die weiteren Champions-League-Sieger von 1997 waren: **Martin Kree,** der Mann mit dem härtesten Schuss der Bundesliga; **Jörg Heinrich,** der beidfüßig ballsichere Schlaks auf der linken Außenbahn; **Paul Lambert,** der extrem zuverlässige Abwehr-Schotte; **Paulo Sousa,** der portugiesische Techniker mit der Lizenz zum Grätschen; **Heiko Herrlich,** der gläubige Christ mit Torriecher; und natürlich war der „ewige" **Michael Zorc** immer noch dabei.

Die schönsten Sprüche

„Mein Problem ist, dass ich immer sehr selbstkritisch bin, auch mir selbst gegenüber."
Selbsteinschätzung von Andy Möller

„Wenn ich am Ende vorne stehe, können mich die Leute auch Arschloch nennen."
Matthias Sammer über seinen Spitznamen „Motzki"

„Ich bin auch ein Mensch."
Noch einmal Matthias Sammer

„Riedle, der für seine Größe ziemlich hoch springen konnte, hieß ,Air Riedle'. Möller, der für sein Alter ziemlich wehleidig war, hieß ,Aua Möller'".
„Süddeutsche Zeitung"

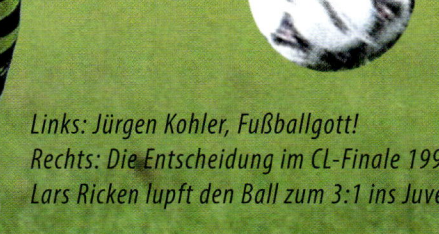

Links: Jürgen Kohler, Fußballgott!
Rechts: Die Entscheidung im CL-Finale 1997:
Lars Ricken lupft den Ball zum 3:1 ins Juve-Tor.

Ein Weltpokal und viele Flops

Nach dem Gewinn der Champions League folgte ein tiefer Umbruch. Ottmar Hitzfeld schied als Trainer aus und hinterließ seinem Nachfolger Nevio Scala eine schwierige Situation. Viele wichtige Spieler waren abgewandert und der dauerverletzte Leitwolf Matthias Sammer musste seine Karriere beenden. Ersatz gab es nicht, weil man das Geld nun statt in teure Spieler lieber in den Ausbau des Westfalenstadions stecken wollte. So gab es in der Bundesligasaison 1997/98 am Ende nur einen 10. Platz. International sah es besser aus. Am 2. Dezember 1997 gewann die Bo-

russia den Weltpokal! Die Schwarzgelben siegten in Tokio gegen den Südamerikameister Cruzeiro Belo Horizonte aus Brasilien mit 2:0 durch Tore von Zorc und Herrlich. Auch in der Champions League spielte der BVB als Titelverteidiger eine gute Saison. Das Aus kam erst im Halbfinale gegen den späteren Cupgewinner Real Madrid.

Ab 1998 versuchte es der BVB mit dem ehemaligen Jugendtrainer Michael Skibbe. In seiner Amtszeit wurden für über 40 Mio. Euro 18 neue Spieler geholt. Die meisten waren Flops. Stürmer wie Victor Ikpeba (Ex-Torjäger vom AS Monaco) oder Fredi Bobic (Ex-Torjäger vom VfB Stuttgart) hatten im zitronen-

Der Torbruch von Madrid.

gelben Trikot meist Ladehemmung. So waren die Ergebnisse zunächst wechselhaft, dann wurden sie richtig schlecht. 1998/99 erreichte die Borussia einen guten 4. Platz, der den Start im Europapokal ermöglichte. In der nächsten Saison aber scheiterten die Schwarzgelben bereits in der Vorrunde der Champions League, und in der Bundesliga näherten sie sich bedrohlich dem Tabellenende. Den Abstieg verhinderten erst der für den gescheiterten Skibbe geholte Trainer-Rentner Udo Lattek und sein Assistent Matthias Sammer.

Oben: Das Meisterteam von 2002.
Unten: Die neuen Stars schlagen ein: Marcio Amoroso und Tomas Rosicky.

2002: Zwei Tschechen, vier Brasilianer, sechster Titel

Mit der Ernennung von Matthias Sammer zum Cheftrainer ging es wieder aufwärts. 2000/01 führte er sein Team auf den 3. Platz. Jetzt schlugen auch die neuen Stars ein. Das waren der zarte Spielmacher Tomas Rosicky und der riesenhafte Mittelstürmer Jan Koller, beide tschechische Nationalspieler, außerdem die beiden Brasilianer Marcio Amoroso und Henrique Ewerthon. Die Borussia legte in der Saison 2001/02 einen berauschenden Endspurt hin. Mit drei Siegen an den letzten drei Spieltagen konnten die Leverkusener noch eingeholt werden, die bereits fünf Punkte Vorsprung hatten. Ewerthon traf am letzten Spieltag gegen Werder Bremen zum entscheidenden 2:1, das die Meisterschaft bedeutete.

Es war kein Zufall, dass ein Brasilianer das entscheidende Tor schoss. In der Meistersaison trugen gleich vier Fußballzauberer aus Brasilien das BVB-Trikot: Evanilson und Dede, die schon länger in Dortmund spielten, sowie die Neuen Amoroso und Ewerthon, die zusammen mehr als die Hälfte der BVB-Tore erzielt hatten. Der Bundesliga-Torschützenkönig Amoroso (18 Treffer) überzeugte auch im UEFA-Pokal. Sein bestes Spiel lieferte er im Halbfinale gegen den berühmten AC Mailand. Im Westfalenstadion erzielte er drei Treffer beim tollen 4:0-Triumph. Nach einem 1:3 im Rückspiel traf die Sammer-Mannschaft im Finale auf Feyenord Rotterdam. Zum Gewinn des Titels reichte es leider nicht ganz: Der BVB verlor knapp mit 2:3.

Der sportliche Niedergang

Die Hoffnung, nach dem sechsten Meistertitel weitere Triumphe feiern zu können, erfüllte sich nicht. In der Saison 2002/03 wurde der BVB in der Bundesliga zwar Dritter, hatte aber zum Meister FC Bayern satte 17 Punkte Rückstand. In der Champions League kam das Sammer-Team über die Zwischenrunde nicht hinaus. Dieser Abwärtstrend setzte sich in der nächsten Saison fort. Auf internationaler Ebene kam der K.o. bereits in der zweiten Runde des UEFA-Pokals gegen den FC Sochaux aus Frankreich. In der Bundesliga reichte es nur zum 6. Platz. Trainer Matthias Sammer wurde wegen des Misserfolgs entlassen. Auf den BVB kamen nun harte Zeiten zu. In der Saison 2004/05 fehlten die internationalen Spiele, die viel Geld eingebracht hätten. Das verschärfte die ohnehin schon schlechte Situation des Vereins. 2000 war der BVB zwar an die Börse gegangen, hatte die Einnahmen daraus aber sofort wieder verpulvert. Ein Trost war immerhin, dass die Zuschauer trotz allem massenhaft ins neu ausgebaute Stadion strömten.

2004: Ein riesiger Schuldenberg

Fußball ist heutzutage ein Millionengeschäft. Ein Verein hat am schnellsten Erfolg, wenn er Spieler holt, die bereits bei anderen Vereinen gezeigt haben, wie gut sie sind. Um solche Stars verpflichten zu können, muss der neue dem alten Verein des Spielers viel Geld zahlen. Außerdem verlangen die besten Kicker ein hohes Gehalt. Die besten Mannschaften kosten also in der Regel auch das meiste Geld. Bezahlen kann ein Verein das nur, wenn er Erfolg hat. Denn dann kann er mit Werbung und Fernsehübertragungen viel Geld verdienen.

Sebastian Kehl, Tomas Rosicky und Guiseppe Reina nach einer der zu häufigen Niederlagen.

Eine ganze Weile ging es in Dortmund gut. Vor dem Gewinn der Champions League 1997 wurden gleich reihenweise deutsche Nationalspieler und andere Stars verpflichtet. Vom Erfolg berauscht gingen die damaligen Verantwortlichen auch danach weiter munter auf Einkaufstour. Von 1999 bis 2002 gab der BVB für Spieler wie Christian Wörns, Evanilson, Fredi Bobic, Viktor Ikpeba, Sunday Oliseh, Tomas Rosicky, Marcio Amoroso, Jan Koller, Ewerthon, Torsten Frings und andere über 100 Mio. Euro aus. Im selben Zeitraum aber nahm der BVB durch Spielerverkäufe nicht einmal mehr 10 Mio. Euro ein.

Diese Rechnung konnte nicht aufgehen. Durch den sportlichen Misserfolg fehlten außerdem Einnahmen aus dem Europacup, und der großzügige Ausbau des Westfalenstadions ließ den Schuldenberg ebenfalls noch weiter wachsen. Nach der Umwandlung des Vereins in ein Wirtschaftsunternehmen sollte der Verkauf von BVB-Aktien an der Börse die Rettung bringen. Aber auch das half nicht, weil man nie wirklich sparen wollte.

Im November 2004 musste die „Borussia Dortmund GmbH & Co. Kommanditgesellschaft auf Aktien" einen Schuldenstand von 120 Mio. Euro zugeben. Der langjährige Präsident und Geschäftsführer Gerd Niebaum musste zurücktreten, etwas später auch der Manager Michael Meier. Als ihre Nachfolger traten Reinhard Rauball als Präsident (bereits zum dritten Mal) und Hans-Joachim Watzke als Geschäftsführer an. Sie passen seitdem darauf auf, dass nicht zu viel Geld ausgegeben wird.

Als Manager Michael Meier und Präsident Gerd Niebaum, die beiden langjährigen und sportlich erfolgreichen Macher in Dortmund, den BVB im Jahr 2000 an die Börse brachten, waren sie noch fröhlich. Doch nur vier Jahre später gab es angesichts der Schuldenberge nichts mehr zum Lachen.

Borussia-Aktien
Aktien sind Urkunden mit einen bestimmten Wert. Sie werden von Unternehmen verkauft, damit sie mehr Geld zur Verfügung haben. Gehandelt werden sie an der Börse. Die einzigen Fußball-Aktien, die man in Deutschland kaufen kann, sind die von Borussia Dortmund. Wer eine Aktie von einem Unternehmen hat, dem gehört ein ganz klein wenig von diesem Unternehmen. Wenn das Unternehmen dann Geld verdient, bekommt man auch ein ganz klein wenig von diesem Gewinn. Der Wert einer Aktie kann aber auch sinken. Beim Gang der Borussia an die Börse im Jahr 2000 wurde eine BVB-Aktie für 11 Euro verkauft. Danach sank ihr Wert rasch auf unter 1 Euro.

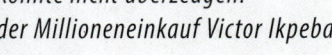

*Konnte nicht überzeugen:
der Millioneneinkauf Victor Ikpeba.*

DIE BESTEN SCHWARZGELBEN
Die Stars von 2002

Während seiner Zeit beim FC Schalke 04 gelang es Torhüter **Jens Lehmann** im Jahre 1997 als erstem Torhüter der Bundesliga, ein Tor aus dem Spiel zu erzielen – ausgerechnet im Westfalenstadion gegen den BVB. Zum Jahresbeginn 1999 ersetzte Lehmann Stefan Klos im Tor der Borussia und hatte einen großen Anteil am Titel von 2002.

Der Innenverteidiger **Christian Wörns,** lange Zeit auch Stammspieler in der Nationalmannschaft, war beim BVB neun Jahre lang die Zuverlässigkeit in Person: kopfballstark, sicher im Zweikampf und immer dort, wo es brennt. Anders als der wuchtige Kämpfer Wörns erwarb sich **Christoph Metzelder** den Ruf eines Gentleman-Verteidigers. Immer cool und mit Blick für die Situation kam der spätere Profi von Real Madrid und Schalke 04 meist ohne Fouls aus.

Im defensiven Mittelfeld verrichtete der Serbe **Miroslav „Micky" Stevic** geschickt seine Arbeit. Vor ihm zauberte ein flinker Supertechniker mit toller Übersicht: der schmächtige Tscheche **Tomas Rosicky.** Er war nicht nur ein genialer Spielmacher und Vorbereiter, sondern brachte auch die Mädchenherzen zum Schmelzen. Als schneller Flankenschläger im rechten Mittelfeld trug der brasilianische Nationalspieler **Aparecido Evanilson** zum Erfolg bei. **Marcio Amoroso,** der teuerste Einkauf der Dortmunder Vereinsgeschichte, hatte ein außergewöhnliches Können. In der Meistersaison 2001/02

Jan Koller ganz akrobatisch.

Der Meisterkader von 2001/02: Hintere Reihe v.l.n.r.: Addo, Herrlich, Metzelder, Heinrich, Koller, Madouni, Bobic, Kapetanovic, Wörns, Oliseh, Kohler. Mitte: Mannschaftsarzt Dr. Preuhs, Physiotherapeut Zöllner, Physiotherapeut Kuhnt, Physiotherapeut Frank, Sörensen, Reina, Rosicky, Amoroso, Krontiris, Co-Trainer Kolodziej, Torwart-Trainer Stahl, Co-Trainer Neuhaus, Trainer Sammer. Vorne: Zeugwart Wiegandt, Stevic, Evanilson, Kringe, Ratajczak, Lehmann, Laux, Bugri, Dede, Ricken, Reuter.

glänzte der Brasilianer als Torschützenkönig (18) und Vorlagengeber (6). Wegen seines divenhaften Auftretens stand er aber auch des Öfteren in der Kritik. Trotz einer Größe von 2,02 Metern hielt der Tscheche **Jan Koller** den Ball gerne flach. Er glänzte nicht nur als Vollstrecker, sondern auch als Vorbereiter. Weil er stets mit Volldampf kämpfte, war er bei den Fans auf der Südtribüne sehr beliebt. Wegen seiner Fröhlichkeit kam auch der

kleine und nur 62 Kilogramm leichte Brasilianer **Henrique Ewerthon** gut an. Er war antrittsschnell und dribbelstark. Da er mit beiden Füßen gleich gut schießen konnte, spielte er mal rechts, links oder auch im Zentrum. **Stefan Reuter, Lars Ricken, Jürgen Kohler, Jörg Heinrich** und der lange Zeit schwer erkrankte **Heiko Herrlich** waren 2002 bereits alte Hasen beim BVB und hatten schon beim Gewinn der Champions League 1997 mitgewirkt. Andere wie **Dede** und **Sebastian Kehl** sollten noch eine lange Karriere vor sich haben.

Feldspieler als Torwart

Für eine Bundesliga-Geschichte der besonderen Art sorgte Jan Koller am 9. November 2002 in München. Nach dem 2:1 der Bayern in der 66. Minute wurde der damalige Dortmunder Keeper Jens Lehmann vom Platz gestellt. Da der BVB bereits dreimal gewechselt hatte, durfte der Ersatztorwart nicht ins Spiel. Also streifte sich Koller Lehmanns Trikot über. Er wehrte alle Bälle ab, die auf sein Tor kamen. Vom „Kicker" wurde der riesenhafte Tscheche nach diesem 12. Spieltag sogar in die „Elf des Tages" berufen – auf der Torhüterposition.

Tschechischer Supertechniker: Tomas Rosicky.

EINE RASSELBANDE IN SCHWARZ-GELB

Der BVB 2005 bis heute

Deutscher Meister 2011, 2012

Deutscher Pokalsieger 2012

Deutscher Vizemeister 2013, 2014, 2016

Deutscher Pokalfinalist 2008, 2014, 2015, 2016

Champions-League-Finalist 2013

2007 und 2008:
Meisterschaftsverderber und Pokalfinalist

DFB-Pokalfinale 2008: Torschütze Mladen Petric tröstet Dede nach der Niederlage gegen die Bayern.

Weil der BVB nun ohne teure Stars auskommen musste, durfte man keine großen Erfolge erwarten. Immerhin schaffte Trainer Bert van Marwijk mit Spielern wie Kehl, Kringe, Smolarek, Sahin und Dede 2004/05 die bis dahin beste Bundesliga-Rückrunde in der Geschichte der Borussen. Unter Jürgen Röber folgte in der Saison 2006/07 ein Absturz ans Tabellenende, nach einem Trainerwechsel zu Thomas Doll ging es wieder aufwärts. Alex Frei und Ebi Smolarek sorgten für eine besondere Freude: Am 33. Spieltag vermasselten sie mit ihren Toren zum 2:0-Heimsieg im Revierderby dem damaligen Spitzenreiter Schalke 04 die Meisterschaft.

2007/08 lief es zwar in der Bundesliga trotz vielversprechender neuer Spieler wie „Kuba" Blaszczykowski und Mladen Petric nicht so toll, dafür zog der BVB erstmals seit 1989 wieder ins DFB-Pokalfinale ein. Gegen den FC Bayern lag man früh mit 0:1 zurück. Den gut aufspielenden Borussen gelang durch Petric kurz vor dem Abpfiff das 1:1. Doch als die Bayern in der Verlängerung erneut in Führung gingen, reichte die Kraft nicht, um noch einmal zurückzuschlagen.

Die Macher beim BVB

Der Rechtsanwalt **Reinhard Rauball** schaffte es in seinen ersten beiden Amtszeiten als Präsident (1979-1982 und 1984-1986), den Verein finanziell zu stabilisieren. Nach der Beinahe-Pleite des hoch verschuldeten BVB kehrte er 2004 noch einmal als Retter zurück. Der Diplom-Kaufmann **Hans-Joachim Watzke** ist seit 2005 Geschäftsführer und machte die Borussia Dortmund GmbH & Co. KGaA wieder zu einem funktionierenden Unternehmen. Das BVB-Urgestein **Michael Zorc** ist bereits seit 1998 als Sportdirektor für die Belange der Profis zuständig und formte eine erfolgreiche Mannschaft.

Das Dreigestirn in der Führung des BVB von links: Sportdirektor Michael Zorc, Geschäftsführer Hans-Joachim Watzke und Präsident Dr. Reinhard Rauball.

Trainer Klopp als größter Star

Zur Saison 2008/09 sollte Trainer Jürgen Klopp, der mit Mainz 05 überraschend erfolgreich gewesen war, für neuen Schwung beim BVB sorgen. Der immer fröhliche und optimistische „Kloppo" konnte nicht nur mitreißend reden. Er hatte auch einen Ruf als hervorragender Fußball-Fachmann. Das musste er auch sein, denn die Mannschaft bestand fast nur aus Spielern ohne großen Namen. Notgedrungen musste er zum Beispiel in der Defensive auf einen „Kinderriegel" aus den Innenverteidigern Mats Hummels und Neven Subotic vertrauen, die beide erst 19 Jahre alt waren. Die Ergebnisse waren gemischt. Während man im UEFA-Pokal (für den man sich als Pokalfinalist des Vorjahres qualifiziert hatte) und im DFB-Pokal früh ausschied, reichte es in der Bundesliga zu einem guten 6. Platz.

2010: Auf dem Weg in die Spitze

Seit langer Zeit war die Stimmung wieder toll in Dortmund. Obwohl man weiterhin keine neuen Stars verpflichten konnte, hatte der BVB auch 2009/10 den höchsten Zuschauerschnitt in der Bundesliga – wie schon so oft zuvor. Nach schwachem Beginn und einem peinlichen 2:3 im DFB-Pokal-Achtelfinale gegen den VfL Osnabrück startete die Borussia in der Bundesliga eine famose Aufholjagd. Am Ende reichte es für den 5. Platz und damit für die Teilnahme an der Europa League. Der Argentinier Lucas Barrios trug tolle 19 Treffer zu dem Erfolg bei.

Der neue BVB-Trainer Jürgen Klopp mit Youngster Mats Hummels.

Hatten 2009/10 oft Grund zum Jubel: Jakub „Kuba" Blaszczykowski und Lucas Barrios.

Schoss zwei Tore gegen Schalke: Shinji Kagawa, hier im Zweikampf mit Farfan und Raúl.

die Tabellenspitze. Nach 17 Spieltagen sicherte sie sich souverän die Herbstmeisterschaft. Die tolle Vorrunde ließ alle Fans vom Meistertitel träumen. Aber es blieben Zweifel. Schließlich waren die Klopp-Jungs im DFB-Pokal früh am Drittligisten Kickers Offenbach gescheitert, und in der Gruppenphase der Europa League waren sie hinter Paris St. Germain und dem FC Sevilla gelandet und damit ausgeschieden.

2011: Mit Tempo zum Meistertitel

Ohne den verletzten Torjäger Kagawa gewannen die Schwarzgelben zum Auftakt der Rückrunde beim Verfolger Leverkusen 3:1. Damit vergrößerten sie ihren Vorsprung vor dem Zweiten auf zwölf Punkte. In der Abwehr sicher und in der Offensive mit überfallartigen Angriffen stets brandgefährlich, eilten die schwarzgelben Himmelsstürmer weiter von Sieg zu Sieg. Am 24. Spieltag fiel eine Vorentscheidung in der Münchner Allianz-Arena. Die Bayern hatten zwar mehr Ballbesitz, blieben aber harmlos. Der BVB dagegen machte mit blitzartigen Vorstößen drei Tore durch Barrios, Sahin und Hummels. Dieses 3:1 war der erste Dortmunder Sieg in München seit fast 20 Jahren! „Als der BVB das letzte Mal hier gewonnen hat, wurden die meisten meiner Spieler noch gestillt", schmunzelte Jürgen Klopp nach dem Sieg seiner jugendlichen Mannschaft.

In den folgenden Spielen wurde es zwar durch einige unnötige Punktverluste noch einmal ein bisschen enger. Doch bereits am 32. Spieltag, nach einer 0:2-Niederlage des Verfolgers Bayer Le-

Der deutsche Brasilianer

Der Brasilianer Dede kam 1998 zur Borussia, überzeugte als Linksverteidiger und wurde zu einem Liebling der Fans. Seine Wohnung war als „Samba-WG" Treffpunkt für die zahlreichen Südamerikaner, die das Trikot des BVB trugen. Wegen seines Ordnungssinns gaben ihm seine Landsleute den Spitznamen „der Deutsche". Ausgerechnet in der Meistersaison 2010/11, als er nur noch zu vier Einsätzen kam, neigte sich seine Karriere dem Ende zu. Nach 13 Jahren und 322 Spielen im BVB-Trikot verließ Dede den Verein mit Tränen in den Augen.

Eine Rasselbande in Schwarzgelb

Nach dem 1. Spieltag der Saison 2010/11 waren die BVB-Fans ziemlich frustriert. Der BVB hatte zuhause gegen Leverkusen mit 0:2 verloren. Kaum jemand hätte da gewettet, dass diese Mannschaft mit den vielen jungen Spielern die Bundesliga beherrschen könnte. Namen wie die der Polen Robert Lewandowski, Lukasz Piszczek und Jakub Blaszczykowski erinnerten an alte Dortmunder Meisterteams. Absolute Spitzenleistungen durfte man von ihnen aber nicht erwarten. Nuri Sahin und der Japaner Shinji Kagawa oder junge Nachwuchsspieler wie Sven Bender, Mario Götze, Marcel Schmelzer und Kevin Großkreutz wurden als vielversprechende Talente angesehen. Einen Titel trauten ihnen die Experten aber noch nicht zu. Doch dann siegte diese junge Rasselbande, die im Schnitt gerade mal 22 Jahre alt war, siebenmal in Folge und eroberte

Riesenjubel!
Der BVB ist Deutscher
Meister 2011!

Meistersong

„Doch wo immer
wir auch spielen,
wie viel Tore
wir erzielen,
welche Gegner
wir bezwingen,
überall hör'n wir
euch singen:
Deutscher Meister
ist nur einer,
BVB und sonst
keiner,
die Schale ist im Pott
und Jürgen Klopp ist
Fußballgott."
Der BVB-Meister-
song von den Mambo
Kingx, der bereits Ende
April 2011 erschien. Er
wurde bei Amazon so
oft angefordert, dass
dort das Bestellsystem
zusammenbrach.

verkusen in Köln und einem souveränen 2:0-Heimsieg der Borussen gegen Nürnberg, stand fest: Deutscher Meister 2011 wird, bei acht Punkten Vorsprung, nur der BVB! Der Jubel der Fans war unbeschreiblich. Überreicht wurde die Meisterschale beim letzten Heimspiel, das mit 3:1 gegen Eintracht Frankfurt gewonnen wurde. Anschließend startete eine tagelange Meisterparty in der schwarzgelb geschmückten „Fußball-Hauptstadt Dortmund".

Der erste Sieg in
München nach 20
Jahren! Jürgen Klopp
jubelt mit seinen
Spielern.

Beim 1:0 gegen die Bayern war BVB-Torschütze Robert Lewandowski auch von Holger Badstuber (Bayern, vorne) nicht zu halten. Der Titel war dem BVB nun kaum mehr zu nehmen.

dem FC Arsenal, Olympique Marseille und Olympiakos Piräus auf dem 4. und damit letzten Platz landete. Immerhin waren die Leistungen in der Bundesliga inzwischen stabiler geworden. Zusammen mit Schalke hatte sich der BVB zum schärfsten Verfolger der Bayern entwickelt. Der Rückstand auf den Tabellenführer betrug zum Ende der Hinrunde nur noch drei Punkte. Und auch im Pokal waren die Schwarzgelben nach Erfolgen gegen Sandhausen, Dynamo Dresden und Fortuna Düsseldorf noch dabei.

2012: Titelverteidigung und Rekorde

In der Rückrunde eilten die Borussen von Sieg zu Sieg. Bereits am 20. Spieltag eroberten sie nach einem 2:0 in Nürnberg die Tabellenspitze. Im Endspurt ging es gegen die drei Verfolger. Am 30. Spieltag gab es einen 1:0-Sieg gegen Bayern München. Es folgte ein 2:1-Sieg in Gelsenkirchen im Derby gegen Schalke. Damit baute der BVB

Abschiede

Nachdem er den Konkurrenzkampf mit Robert Lewandowski verloren hatte, verabschiedete sich mit dem Paraguayer **Lucas Barrios** der einst beste Torjäger des BVB. Mit ihm ging im Sommer 2012 auch **Shinji Kagawa**. Der zwei Jahre zuvor für wenig Geld verpflichtete Japaner hatte als dribbelstarker und torgefährlicher Wirbelwind für so viel Furore gesorgt, dass ihn Manchester United unbedingt haben wollte. Er wurde aber in England nicht glücklich und kehrte 2014 wieder nach Dortmund zurück.

Stotterstart des Meisters

Die Saison 2011/12 musste der amtierende Meister aus Dortmund ohne seinen nach Madrid abgewanderten Regisseur Nuri Sahin bestreiten. Zunächst schien es, als könne er diesen Verlust nicht wettmachen. Bis zum 6. Spieltag setzte es drei Niederlagen, und der BVB lag lediglich auf Rang 11. Der Rückstand auf den Tabellenführer Bayern München betrug bereits acht Punkte. Zu diesem Zeitpunkt träumte niemand mehr von der Titelverteidigung, zumal es auch in der Champions League alles andere als rund lief. In der Gruppenphase gelang dem BVB nur ein einziger Sieg, so dass er hinter

seinen Vorsprung auf acht Punkte aus. So konnte bereits am 32. Spieltag gegen die Borussen aus Mönchengladbach, die in dieser Saison sehr stark aufspielten, alles klar gemacht werden. Es wurde ein richtig enges Spiel. In der 23. Minute zirkelte Schmelzer einen Freistoß in den Gladbacher Strafraum, und Ivan Perisic traf per Kopf zum 1:0 für die Schwarzgelben. Zu Beginn der zweiten Halbzeit drängte der BVB auf die Entscheidung. Doch die größte Chance hatte in der 54. Minute der Gladbacher Marco Reus. Marcel Schmelzer konnte auf der Linie klären. Wenige Minuten später leitete Schmelzer dann einen Konter ein. Über Lewandowski landete der Ball bei Shinji Kagawa. Der Japaner überlief Gladbachs Keeper ter Stegen und schob den Ball ins leere Tor zum 2:0 ein. Dabei blieb es. Jetzt durfte die Titelverteidigung gefeiert werden!

Am 34. Spieltag schloss der BVB die Saison mit einem 4:0 in Freiburg ab. Die Schwarzgelben hatten gleich mehrere Rekorde aufgestellt. Sie waren 28 Spiele in Folge – seit dem 1:2 in Hannover am 6. Spiel-

tag – ungeschlagen geblieben. Das hatte bis dahin noch kein Verein geschafft. Auch die 47 Punkte in der Rückrunde (von 51 möglichen) bedeuteten eine neue Bestmarke. Ebenso waren die 81 Punkte, die man am Ende gesammelt hatte, die bislang höchste in einer Saison erreichte Punktzahl. Und darüber hinaus wurde auch noch ein Uralt-Rekord des FC Bayern aus der Saison 1972/73 eingestellt: Der BVB schaffte wie damals die Bayern 25 Saisonsiege. Bei all diesen Bestwerten war eigentlich klar, dass auch noch ein weiterer Rekord fallen musste: Tatsächlich wurde mit durchschnittlich 80.522 Zuschauern im Signal-Iduna-Park ein neuer Besucherrekord in der Bundesligageschichte aufgestellt.

Rechts: Der zweite Meistertitel in Folge darf ausgelassen bejubelt werden!

Links: Der entscheidende Treffer zum Meistertitel 2012: Shinji Kagawa vollstreckt gegen Mönchengladbachs Keeper ter Stegen zum 2:0.

Die schönsten Sprüche

„Es gab selten einen verdienteren Meister als in dieser Saison."
BVB-Sportdirektor Michael Zorc

„Es war zu leicht. Mit der Mannschaft, die du mir hingestellt hast, hätte es jeder gekonnt!"
Jürgen Klopp zu BVB-Manager Michael Zorc

DFB-Pokalfinale: Robert Lewandowski erzielt das 3:1. Manuel Neuer, Jérôme Boateng und Holger Badstuber sind machtlos.

Double für den Bayern-Schreck

Die Titelverteidigung glich einem Triumphzug. Und doch stand ein Höhepunkt der Saison noch aus. Durch ein 4:0 gegen Holstein Kiel und ein hart umkämpftes 1:0 gegen den Zweitligisten SpVgg Greuther Fürth, das Ilkay Gündogan erst in der allerletzten Sekunde der Verlängerung mit einem Verzweiflungsschuss erzwang, war der BVB in das Endspiel des DFB-Pokals vorgedrungen. Dort wartete kein Geringerer als der große Rivale FC Bayern. Und die Münchner waren heiß. Sie wollten den Doppelmeister aus Dortmund unbedingt schlagen. Denn der BVB hatte ihnen nicht nur zweimal in Folge den Titel weggeschnappt, sondern sie auch noch viermal hintereinander in der Bundesliga geschlagen. Mit 3:1, 2:0, 1:0 und 1:0 hatte der BVB die letzten Begegnungen gewonnen und damit die sieggewohnten Bayern gedemütigt.

Doch aus der von den Münchnern angekündigten großen Revanche wurde nichts. Der überragende Shinji Kagawa brachte sein Team bereits in der 3. Minute mit 1:0 in Führung. Die Bayern konnten per Robben-Elfmeter zum 1:1 ausgleichen, doch Mats Hummels, ebenfalls per Foulelfmeter, und Robert Lewandowski stellten das Ergebnis bis zum Halbzeitpfiff auf 3:1. Es folgten in der zweiten Hälfte noch zwei weitere Treffer

DIE POKALSIEGER VON 2012

Lewandowski

Großkreutz   Kagawa**   Blaszczykowski***

Kehl   Gündogan

Schmelzer   Hummels   Subotic   Piszczek

Weidenfeller*

*34. Langerak, **81. Bender, ***84. Perisic

Lange nicht mehr geküsst: Sebastian Kehl mit dem Pott.

des polnischen Torjägers, der an diesem Tag nicht zu bremsen war. Am Ende stand es 5:2. Was für ein Triumph! Frustriert und gedemütigt mussten die Roten mitansehen, wie die Schwarzgelben das erste Double ihrer Vereinsgeschichte feierten.

2012/13: Die Schwarzgelben hinter den Roten

Nach der Rekordsaison 2011/12 herrschte unter den BVB-Fans große Trauer: Der Super-Japaner Shinji Kagawa wechselte zu Manchester United. Doch es gab auch Trost: Mit dem Nationalspieler Marco Reus, der in Mönchengladbach eine überragende Saison hingelegt hatte, kam ein vielversprechender Neuzugang. Außerdem war er ein gebürtiger Dortmunder, der einst im Nachwuchs des BVB ausgebildet worden war. Die Bundesligasaison 2012/13 ließ sich dann allerdings nicht so gut an. Die Bayern wollten es diesmal wissen und leisteten sich bis zum 17. Spieltag nur eine einzige Niederlage. Der BVB hingegen zeigte ungewohnte Schwächen und rangierte mit zwölf Punkten Rückstand nur auf Platz 3. In der Rückrunde kam Marco Reus als Torjäger und Vorlagengeber zwar immer besser in Schwung, eine Aufholjagd gelang aber nicht mehr. Die Bayern zeigten keinerlei Schwächen und zogen uneinholbar davon, am Ende hatten sie 25 Punkte Vorsprung. Immerhin reichte es für den BVB zum 2. Platz. Zudem hatte er in der Bundesliga gegen den FC Bayern erneut nicht verloren, beide Spiele endeten 1:1. Bitter war allerdings das Ergebnis gegen die Münchner im Viertelfinale des DFB-Pokals. Der BVB verlor mit 0:1 und hatte damit erstmals seit Februar 2010 wieder mal ein Punkt- oder Pokalspiel gegen die Bayern verloren.

Viel Glanz in der Champions League

Parallel zu der nicht ganz so guten Bundesligasaison sorgte der BVB in der Champions League für Aufsehen. In der extrem schweren „Todesgruppe" mit den Landesmeistern Ajax Amsterdam, Manchester City und Real Madrid holten sich die glanzvoll kickenden Borussen ungeschlagen den 1. Platz. Im Achtelfinale schalteten sie mit 2:2 und 3:0 das starke Team von Schachtar Donezk aus. Der Einzug ins Viertelfinale war der größte Erfolg in der Königsklasse seit 15 Jahren. Der BVB zählte wieder zu den Besten in Europa!

Am 20. Spieltag der Bundesliga gelang ein wichtiger 3:2-Auswärtssieg in Leverkusen. Der BVB überholte damit die Bayer-Elf und sicherte sich anschließend den 2. Platz. Lukasz Piszczek, Jakub Blaszczykowski und Robert Lewandowski feiern den Erfolg.

Selten wurde ein Treffer so bejubelt: Santana schiebt den Ball in der Nachspielzeit zum 3:2 gegen Malaga über die Linie.

Champions League 2012/13: Spektakulär ins Finale

Nach einem 0:0 im Hinspiel wurde das Rückspiel im Viertelfinale gegen Malaga zu einem richtigen Krimi. Im Signal-Iduna-Park gingen die Spanier in Führung, Lewandowski brachte die Borussia nach einem tollen Spielzug kurz vor dem Halbzeitpfiff wieder heran. In den zweiten 45 Minuten wogte das Spiel hin und her. Malaga war glücklicher und erzielte in der 82. Minute aus Abseitsposition die Führung. Alles schien nun vorbei. Doch der BVB gab nicht auf. Und tatsächlich konnten Marco Reus und Felipe Santana durch zwei Treffer in der Nachspielzeit das Blatt noch wenden!

Abschiede
Der bereits als Kind zum BVB gewechselte Allgäuer **Mario Götze** galt nach seinem Debüt als 17-Jähriger als eines der größten Talente des deutschen Fußballs. Tatsächlich sorgte der Edeltechniker für viele Glanzpunkte beim BVB und in der Nationalelf. Als vor dem Champions-League-Halbfinale gegen Real Madrid 2013 sein Wechsel zum FC Bayern bekannt wurde, waren nicht nur BVB-Fans schockiert. Im Jahr darauf war man vom Wechsel des Bundesliga-Torschützenkönigs **Robert Lewandowski,** der sich in Dortmund zu einem der besten Mittelstürmer der Welt entwickelt hatte, nicht so überrascht. Der Pole hatte seinen Wunsch, sich den Münchnern anzuschließen, lange angekündigt.

Dem Wunder folgte im Halbfinale eine Gala gegen Real Madrid. Im Hinspiel in Dortmund sorgte Robert Lewandowski für ein frühes 1:0, Cristiano Ronaldo konnte kurz vor der Halbzeit ausgleichen. In der zweiten Hälfte legte Lewandowski dann richtig los. In der 50. Minute erzielte er die Führung zum 2:1. In der 55. Minute zog er den Ball artistisch mit der Sohle an Gegenspieler Pepe vorbei und haute ihn mit Wucht ins rechte obere Eck – 3:1. Und in der 67. Minute erhöhte er per Elfmeter auf 4:1. Nach dieser Super-Vorstellung von „Lewa" durfte der BVB das Rückspiel ruhig mit 0:2 verlieren – der Einzug ins Finale war dadurch nicht gefährdet.

Robert Lewandowski zeigt es an: Soeben hat er gegen Real Madrid seinen vierten Treffer erzielt.

Superspiel in Wembley

Über 300 Millionen Zuschauer an den Fernsehern auf der ganzen Welt sahen, wie die Borussen im Londoner Wembley-Stadion im deutsch-deutschen Finale gegen den FC Bayern loslegten wie die Feuerwehr. Immer wieder berannten sie das Tor der Münchner und hatten durch Lewandowski, Blaszczykowski, Reus und Bender einige gute Möglichkeiten. Torwart Manuel Neuer musste mehr Paraden zeigen als in der gesamten bayerischen Rekordsaison zuvor. Erst allmählich kam dann auch der FCB auf Touren. Nun konnte sich BVB-Keeper Roman

Weidenfeller einige Male bewähren, gegen Robben rettete er gleich mehrmals grandios.

In der zweiten Halbzeit ging es dann zunächst mit etwas weniger Tempo weiter. In der 60. Minute stand es plötzlich 0:1, als Mandzukic auf Vorarbeit von Ribéry und Robben den Ball aus kurzer Entfernung ins Netz schob. Doch der BVB schlug zurück: Nach einem Foul von Bayern-Verteidiger Dante an Reus gelang Ilkay Gündogan nur acht Minuten später per Foulelfmeter der Ausgleich zum 1:1. Mats Hummels hätte sogar auf 2:1 erhöhen können, schoss aber über das Tor. Dann ließen die Kräfte der Schwarzgelben etwas nach, die Roten erhöhten den Druck und zwangen Weidenfeller zu weiteren Glanztaten. Alles schien bereits auf eine Verlängerung hinauszulaufen, als Ribéry in der 89. Minute per Hacke Robben einsetzte, der an Hummels vorbeidribbelte und den Ball gekonnt ins Tor schlenzte. Das war der K.-o.-Schlag. Der BVB hatte in einem tollen Spiel alles gegeben und blieb zum Schluss doch nur zweiter Sieger.

Ilkay Gündogan bejubelt in der 68. Minute seinen Elfmetertreffer zum 1:1-Ausgleich im Champions-League-Finale gegen die Bayern (oben). Alles war möglich, doch am Ende verlor der BVB mit 1:2.

2013/14: Vizemeister und tolle Spiele

Mit fünf Siegen in den ersten fünf Spielen begann die Saison 2013/14 weitaus besser als erwartet. Die Neuzugänge Sokratis, Henrikh Mkhitaryan und Pierre-Emerick Aubameyang lieferten auf Anhieb überzeugende Auftritte ab. Dann warf viel Verletzungspech den BVB zurück. In der Rückrunde konnten die Borussen die uneinholbar davongeeilten Bayern zwar nicht mehr gefährden, aber mit stabilen Leistungen sicherten sie sich souverän den 2. Platz. Einen besonderen Höhepunkt gab es am 30. Spieltag in München gegen den neuen Meister. Henrikh Mkhitaryan, Marco Reus und Jonas Hoffmann sorgten für ein eindrucksvolles 3:0 der Schwarzgelben und damit für die erste Heimniederlage der erstaunlich wehrlosen Roten seit dem 28. Oktober 2012.

12. April 2014: Henrikh Mkhitaryans elegant erzieltes 1:0, bei dem er Torwart Manuel Neuer keine Chance ließ, leitete den Auswärtssieg bei den Bayern ein.

Champions League 2013/14: Marco Reus lief im Viertelfinal-Rückspiel gegen Real Madrid zu großer Form auf. Hier erzielt er gegen Spaniens Nationalkeeper Iker Casillas das 1:0.

Pokalfinale 2014: In der 64. Minute erwischt Bayerns Dante den Ball erst hinter der Linie …

Frühjahr 2014: Knappe Niederlagen gegen Real und Bayern

Nach Siegen gegen Mannschaften wie den FC Arsenal, den SSC Neapel und St. Petersburg trafen die Borussen in der Champions League wie im Vorjahr erneut auf Real Madrid, diesmal bereits im Viertelfinale. In der spanischen Hauptstadt kam der BVB gegen Cristiano Ronaldo & Co. mit 0:3 böse unter die Räder. Dem Frust folgte jedoch eine tolle Leistung in Dortmund, die der überragende Marco Reus mit zwei Treffern krönte. Leider reichten die nicht. Die Schwarzgelben hatten super gespielt und verdient gewonnen – und waren dennoch ausgeschieden. Im DFB-Pokal erreichte der BVB mit fünf eher glanzlosen Siegen das Finale gegen den ewigen Rivalen Bayern München. Es wurde ein sehr enges Spiel. In der 64. Minute brandete Jubel auf, als Bayerns Dante einen Kopfball von Hummels erst hinter der Linie wegschlagen konnte – doch der Schiedsrichter gab den Treffer nicht. So ging es in die Verlängerung. Die Schwarzgelben kämpften bis zur Erschöpfung, hatten aber kein Glück und verloren mit 0:2.

2014/15: Kurz vor dem Abgrund

Ohne den Weltklasse-Stürmer Robert Lewandowski, der ablösefrei zu Bayern München gewechselt war, wurde es für die Borussia eine schwierige Saison 2014/15. Neuzugänge wie die Stürmer Ciro Immobile und Adrian Ramos oder der Rückkehrer Shinji Kagawa schlugen nicht so ein, wie man sich das erhofft hatte. Da zudem viele vom alten Stammpersonal ihre Form nicht fanden oder lange ausfielen, war vom einst so zwingenden Tempo-Umschaltspiel kaum etwas zu sehen. Als dann auch noch Pech dazukam, stürzte der BVB in die Krise. Am 13. Spieltag hatten die Borussen ganze drei Siege auf dem Konto und lagen auf dem letzten Tabellenplatz! Erst ab dem 20. Spieltag gelang mit vier Siegen hintereinander, darunter ein 3:0 im Derby gegen Schalke 04, der Befreiungsschlag. Am Ende sollte es Platz 7 werden, nur zwei Punkte hinter Schalke.

26. Spieltag 2014/15: Kagawa beobachtet jubelnd den Salto von Aubameyang, der in Hannover soeben das 3:1 erzielt hat (Endstand 3:2).

Abschiede
Im Sommer 2015 verließen drei der beliebtesten Spieler den BVB: der Pole **Jakub „Kuba" Blaszczykowski,** der in Dortmund-Eving aufgewachsene Allrounder **Kevin Großkreutz** sowie der langjährige Kapitän und Mittelfeldstratege **Sebastian Kehl.** „Kuba" war als rastloser Kämpfer auf der Außenbahn ein Spieler ganz nach dem Geschmack der Fans. Großkreutz hatte als Jugendlicher selbst eine Dauerkarte für die Südtribüne. Obwohl er 2014 noch in Brasilien Weltmeister wurde, sah er ähnlich wie „Kuba" für 2015/16 keine Stammplatz-Perspektive beim BVB mehr. Der intelligente Kehl galt nach 13 (!) Jahren in Schwarzgelb schon als „ewiger" Borusse; er beendete seine Karriere im Alter von 35 Jahren.

In der Champions League starteten die Borussen als Sieger der Gruppe D stark – mit vier Siegen, unter anderen gegen den FC Arsenal. Dann aber scheiterten sie im Achtelfinale am späteren Finalisten Juventus Turin. Nach einer knappen 1:2-Niederlage in Turin waren Klopp & Co. zuversichtlich, das Ergebnis im Rückspiel noch zu drehen. Doch die Schwarzgelben blieben vor heimischer Kulisse nahezu chancenlos und verloren verdient mit 0:3.

Klopp-Rücktritt und Pokalfinale

Im Laufe dieser schwierigen Saison musste Kult-Trainer Jürgen Klopp einsehen, dass er seine Idee vom Tempo- und Umschaltfußball nicht mehr so gut vermitteln konnte. Deshalb erklärte er am 15. April seinen Rücktritt zum Saisonende. Doch er wolllte sich mit einem Titel verabschieden. Schließlich war der BVB im DFB-Pokal ja noch im Rennen. Tatsächlich gelang im Halbfinale ein etwas glücklicher Sieg gegen die Bayern. Nach dem 0:1 durch den Ex-Borussen Lewandowski in der 29. Minute sorgte Aubameyang in der 75. Minute für den Ausgleich. Es folgte eine torlose Verlängerung und eine Münchner Rutschpartie beim Elfmeterschießen: Die Bayern Lahm und Xabi Alonso legten sich auf den Hosenboden und schossen drüber, Gündogan und Kehl aber trafen sicher für den BVB. Als Langerak den Schuss des Ex-Borussen Götze parierte und Bayern-Keeper Neuer die Kugel an den Querbalken haute, war klar: Der BVB ist im Finale!
Gegen den VfL Wolfsburg sah es im Berliner Olympiastadion zunächst gut aus, denn Pierre-Emerick Aubameyang gelang bereits in der 5. Minute die 1:0-Führung. Je länger das Spiel allerdings dauerte, desto stärker wurden die „Wölfe". Noch vor dem Halbzeitpfiff drehten sie das Ergebnis und gingen innerhalb von 16 Minuten mit 3:1 in Führung. Das war auch der Endstand, denn die Borussia hatte an diesem Abend weder das Vermögen noch das Glück, dem Spiel eine Wende zu geben. Zur Saison 2015/16 übernahm nun ein Mann, der sich – wie einst auch Jürgen Klopp – in Mainz den Ruf erworben hat, ein taktisch versierter Trainer der Extraklasse zu sein: Thomas Tuchel.

Abschied: Jürgen Klopp zieht seine Mütze vor den BVB-Fans.

Tänzchen am 32. Spieltag beim 5:1 gegen den Vorjahreszweiten VfL Wolfsburg: Die Top-Torschützen Aubameyang und Reus (zusammen 37 Tore) sowie der beste Vorlagengeber, Henrikh Mkhitaryan – 20-mal legte er auf, elfmal traf er selbst.

2015/16: Mit Tuchel wieder vorne dabei

Zur neuen Saison mussten sich die BVB-Fans daran gewöhnen, dass die gewohnte Klopp-Show an der Seitenlinie und einige altgediente Spieler fehlten. Von den Neuen eroberten sich die Mittelfeldspieler Gonzalo Castro und Julian Weigl rasch Stammplätze. Torwart Roman Bürki löste den Oldie Roman Weidenfeller als Nummer 1 ab.

Unter dem Taktik-Tüftler Thomas Tuchel änderte der BVB seinen Stil. Temporeiches Umschaltspiel gab es weiterhin, doch die Mannschaft beherrschte nun auch das Spiel mit viel Ballbesitz. Kurz: Die Borussen kickten variabler und waren für die Gegner nun schwerer auszurechnen. Und auch die Ergebnisse stimmten, weil vor allem der schnelle Aubameyang Tor um Tor schoss. Besonders schön war sein Heber zum 2:0 beim 4:1 gegen den VfB Stuttgart am 14. Spieltag.

Zur Winterpause lag der BVB mit zwölf Siegen und 38 Punkten auf dem 2. Tabellenplatz hinter dem FC Bayern. Ebenso erfolgreich verlief die Rückrunde. 78 Punkte hatte man am Ende. Das waren zwar zehn weniger als auf dem Konto des Meisters, bedeutete aber dennoch die beste Vizemeisterschaft aller Zeiten. Mit 82 Toren hatten die Borussen sogar zwei Treffer mehr erzielt als die Bayern. 25 Tore gingen allein auf das Konto von Aubameyang, der damit zweitbester Torjäger hinter dem Ex-Borussen Lewandowski wurde.

Irres Spiel gegen Liverpool

Nach erfolgreicher Qualifikation konnte sich der BVB in der Gruppe C der Europa League sogar zwei Niederlagen leisten, um als Zweiter hinter dem russischen Verein FK Krasnodar in das Sechzehntelfinale einzuziehen. Es folgten überzeugende Vorstellungen gegen den starken portugiesischen Klub FC Porto sowie gegen Tottenham Hotspur aus London. Dann stieg im Viertelfinale ein Hammer-Spiel: Gegner war nämlich der von Ex-Trainer Jürgen Klopp trainierte FC Liverpool.

Es wurde richtig spannend. Nachdem es im Hinspiel in Dortmund

Duell an der Seitenlinie: Jürgen Klopp und Thomas Tuchel in Liverpool.

nur zu einem 1:1 gereicht hatte, war der BVB am 14. April im Rückspiel an der Anfield Road gefordert. Und er legte los wie die Feuerwehr: Mkhitaryan und Aubameyang sorgten bis zur 9. Minute für eine 2:0-Führung. Danach hätten die überragend auftrumpfenden Dortmunder eigentlich alles klar machen müssen. Stattdessen erzielte Liverpool kurz nach dem Wiederanpfiff den Anschlusstreffer. Die Borussia ließ sich erst mal nicht schocken, und Marco Reus stellte wenig später den alten Abstand wieder her. Doch plötzlich lief es nicht mehr. Liverpool erzielte noch drei Treffer – das spielentscheidende 4:3 fiel in der letzten Minute. So endete ein tolles Spiel mit einer extrem bitteren Niederlage für Tuchels Mannschaft.

DFB-Pokalfinale 2016 gegen die Bayern: Traurige Gesichter nach der Niederlage im Elfmeterschießen.

Pokalfinale: Wieder nix gegen die Bayern

Immerhin blieb dem BVB ja noch eine Titelchance. Nur eine Woche nach dem K. o. in Liverpool schaffte er im Halbfinale des DFB-Pokals ein glattes 3:0 gegen Hertha BSC. Endspielgegner war wieder einmal der FC Bayern. Die Borussen verkauften sich gut und trotzten dem Favoriten bis zur 120. Minute ein 0:0 ab. Doch im Elfmeterschießen hatten sie Pech. Manuel Neuer hielt den Schuss von Sven Bender, dann traf Sokratis nur den Pfosten. Als BVB-Keeper Bürki gegen den Bayern Kimmich parierte, keimte noch einmal kurz Hoffnung auf. Doch schließlich verwandelte der Brasilianer Douglas Costa zum entscheidenden 4:3 für die Münchner.

Abschiede
Als bekannt wurde, dass der Weltklasse-Innenverteidiger **Mats Hummels** zu seinem einstigen Ausbildungsverein FC Bayern München wechseln wollte, war man beim BVB nicht erfreut. Es blieb nicht der einzige Abschied nach der Saison 2015/16: **Henrikh Mkhitaryan,** armenischer Supertechniker und Klasse-Vorlagengeber im BVB-Mittelfeld, zog es zu Manchester United. Und der Nationalspieler **Ilkay Gündogan,** der in manchem Spiel als Dirigent begeistert hatte, wechselte zu Manchester City. Kleiner Trost: Für die drei Spitzenspieler kassierte der BVB eine Ablöse von insgesamt 107 Mio. Euro. Thomas Tuchel musste zur Saison 2016/17 also zahlreiche neue Spieler integrieren. Es war wie ein Neuanfang für den BVB.

DIE BESTEN SCHWARZGELBEN
Die Stars von heute

Matthias Ginter

Griechischer Koloss in der BVB-Abwehr: Sokratis.

TORWART & ABWEHR

Roman Bürki (38), junger Nationaltorwart der Schweiz, trägt seit 2015 das BVB-Trikot. Als moderner Keeper ist er nicht nur auf der Linie stark, sondern auch ein guter Fußballer. Aufgrund seiner Klasse-Leistungen im Kasten des SC Freiburg trauten ihm die Verantwortlichen beim BVB zu, eine herausragende Nummer 1 zu werden. Tatsächlich löste er **Roman Weidenfeller (1)** ab, obwohl er nicht immer souverän wirkte und sein Vorgänger weiterhin die Nummer des Stammtorhüters tragen durfte. Der routinierte Weidenfeller, der vor allem mit seiner Reaktionsschnelligkeit und seiner Ausstrahlung überzeugt, stand 2015/16 immerhin noch in der Europa League im Kasten. Ansonsten nimmt er auch den Job als Ersatzmann ernst, so wie 2014 als Mitglied des Weltmeister-Kaders in Brasilien.

Nachdem der kopfballstarke brasilianische Innenverteidiger Felipe Santana zu Schalke 04 gewechselt war, wurde 2013 der kampfstarke Grieche **Sokratis (25)** von Werder Bremen verpflichtet. Der bullige Defensivspezialist hat einen zungenbrecherischen Nachnamen: Papastathopoulos. An dem Mann, der viel Länderspielerfahrung hat und eigentlich „Petros" heißen sollte (griechisch für Fels), haben sich schon viele die Zähne ausgebissen, u.a. Lionel Messi.

Als einer von zahlreichen neuen Spielern wurde im Sommer 2016 der 25-jährige **Marc Bartra (5)** unter Vertrag genommen. Der Abwehrspezialist, der in der berühmten Jugendakademie des FC Barcelona ausgebildet wurde, hat noch unter Pep Guardiola den letzten Schliff erhalten. Seine Qualitäten als spielstarker Innenverteidiger soll der spanische Nationalspieler nun an der Seite von Sokratis zeigen und somit die durch den Weggang von Mats Hummels entstandene Lücke ausfüllen.

Matthias Ginter (28) gilt als Spezialist für die zentrale Defensive. Er wird aber auch wegen seiner Vielseitigkeit geschätzt und kann als Innen- oder Außenverteidiger eingesetzt werden. 2014 wurde der gebürtige Freiburger im Alter von erst 20 Jahren und damit als jüngster deutscher Nationalspieler Weltmeister – allerdings ohne Einsatz auf dem Spielfeld. Mit dabei in Brasilien – und ebenfalls ohne Einsatz – war auch BVB-Verteidiger **Erik Durm (37)**, der sowohl links wie rechts spielen kann. Der ehemalige Stürmer bewies sein Können

Von links:
Erik Durm,
Lukasz Piszczek,
Marc Bartra,
Raphael Guerreiro
Unten: Roman
Weidenfeller.

„I think we have
a grandios Saison
gespielt."
Roman Weidenfeller
nach der Meister-
schaft 2011.

erstmals 2013/14, als er für den verletzten Nationalspieler **Marcel Schmelzer (29)** ins kalte Bundesliga-Wasser geworfen wurde. Obwohl der wieder genesene „Schmelle" in der Saison 2015/16 herausragende Leistungen zeigte, wurde er nicht in den Kader für die Fußball-EM 2016 berufen. Dabei war der schnelle Blondschopf, der mit gefährlichen Vorstößen und punktgenauen Flanken auftrumpft, bereits 2009 mit der deutschen U21 Europameister.

Der flinke Pole **Lukasz Piszczek (26)** überzeugt als Rechtsverteidiger nicht nur defensiv, sondern sorgt auch in der Offensive mit unermüdlichem Vorwärtsdrang für enormen Dampf. Piszczek, dem Experten Weltklassequalität bescheinigten, plagte sich oft mit Verletzungen herum. Nicht nur als Linksverteidiger, sondern auch als stürmender Linksaußen kann der Portugiese **Raphael Guerreiro (13)** eingesetzt werden. Der Mann mit dem ausgeprägten Vorwärtsdrang, der vom FC Lorient aus Frankreich kam, zeigte noch vor seiner Ankunft in Dortmund bei der EM 2016 seine Fähigkeiten, als er mit Portugal überraschend den Titel holte.

Links: Linksverteidiger
Marcel Schmelzer.
Rechts: Roman Bürki dirigiert
seine Abwehr.

DIE BESTEN SCHWARZGELBEN
Die Stars von heute

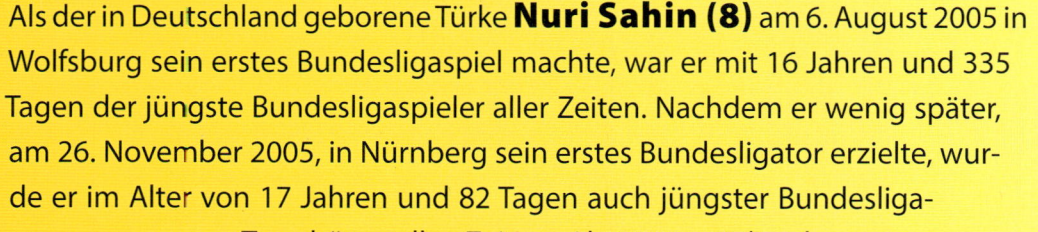

Mikel Merino

MITTELFELD & ANGRIFF

Der aus Oberbayern stammende Jugendnationalspieler **Sven Bender (6)** begann seine Karriere zusammen mit seinem Bruder Lars (heute Leverkusen) in der 2. Liga beim TSV 1860 München. Zunächst nur als Ersatzmann für den verletzten Sebastian Kehl eingesetzt, zeigt er seit 2009 im defensiven Mittelfeld souveräne Leistungen. 2011 wurde er mehrmals in der Nationalmannschaft eingesetzt, bei den großen WM- und EM-Turnieren dann aber nicht mehr berücksichtigt. Ein Mann für das defensive Mittelfeld und ebenfalls ein Ex-Löwe aus München ist **Julian Weigl (33)**. Der überzeugte Christ kann extrem gut mit dem Ball umgehen. Am 34. Spieltag der Saison 2015/16 schaffte er gegen den 1. FC Köln 214 Ballkontakte, bevor er in der 83. Minute ausgewechselt wurde. Damit hatte der inzwischen auch zum Nationalspieler avancierte „Passkönig" den Bundesliga-Rekord von Bayern-Spieler Xabi Alonso aus dem Jahr 2014 noch einmal übertroffen. Im Zweikampf wirkt der laufstarke Weigl vielleicht nicht ganz so bissig wie Bender, trotzdem bleibt er in den meisten Duellen Sieger.

Als der in Deutschland geborene Türke **Nuri Sahin (8)** am 6. August 2005 in Wolfsburg sein erstes Bundesligaspiel machte, war er mit 16 Jahren und 335 Tagen der jüngste Bundesligaspieler aller Zeiten. Nachdem er wenig später, am 26. November 2005, in Nürnberg sein erstes Bundesligator erzielte, wurde er im Alter von 17 Jahren und 82 Tagen auch jüngster Bundesliga-Torschütze aller Zeiten. Ab 2009 spielte der vorübergehend ausgeliehene Supertechniker dann ganz groß auf. Als Dirigent und Vorlagengeber wurde er zum Dreh- und Angelpunkt des BVB-Spiels. 2011 wechselte er zu Real Madrid. Da er sich dort nicht durchsetzen konnte, kehrte er 2012 zu seiner alten Liebe BVB zurück. **Sebastian Rode (18)** und **Mikel Merino (24)**, 2016 vom FC Bayern München und dem CA Osasuna gekommen, heißen die bei-

Ausgelassener Jubel bei Nuri Sahin.

Sven Bender

den Neuen, die „im zentralen Mittelfeld die Abgänge der Filigrantechniker Ilkay Gündogan und Henrikh Mkhitaryan kompensieren sollen. Rode war einst von den Bayern nur als Ergänzungsspieler verpflichtet worden, wurde dann aber überraschend häufig als Abfangjäger und Ballverteiler im Mittelfeld eingesetzt. Vor allem als „Staubsauger" vor der Abwehr überzeugte er mit seiner Spielintelligenz, Laufstärke und Zuverlässigkeit. Dem jungen Spanier Merino geht der Ruf voraus, mit seinem linken Fuß zaubern zu können. Fest steht, dass der flexible und passsichere Mittelfeldmann einer der Chefs auf dem Platz war, als die spanische U19 im Jahr 2015 Europameister wurde.

Der ballgewandte Deutsch-Spanier **Gonzalo Castro (27)** kam 2015 zum BVB und zeichnet sich durch eine überragende Spielintelligenz aus. Als Spieler von Bayer Leverkusen bestritt er bereits einige Länderspiele. „Gonzo" glänzt häufig als Einfädler und Vorlagengeber, ist aber auch immer an der richtigen Stelle, wenn er defensive Aufgaben erledigen muss.

Der junge US-Amerikaner **Christian Pulisic (22)** und der aus der BVB-Jugend hervorgegangene Junioren-Nationalspieler **Felix Passlack (30)**, ein Spezialist für die rechte Außenbahn, sind weitere Optionen im Mittelfeld der Schwarzgelben. Der dynamische Pulisic wurde bereits mit 17 Jahren Nationalspieler der USA und zeigte im BVB-Trikot bereits im April 2016, dass er sowohl mit links wie mit rechts treffen kann. Der selbstbewüsste Passlack wird als das größte Talent der Borussia seit Mario Götze gehandelt und hat ebenfalls schon erste Kostproben seines Könnens in der Bundesliga abgeliefert.

Mann mit Kampfkraft und Übersicht: Sebastian Rode.

Julian Weigl, die „Passmaschine".

Gonzalo Castro beschwört den Ball.

Adrian Ramos

Ousmane Dembélé

DIE BESTEN SCHWARZGELBEN
Die Stars von heute

MITTELFELD & ANGRIFF

Der Japaner **Shinji Kagawa (23)** war nach seinem Ausflug nach England zu Manchester United im Sommer 2014 reumütig zurück zur Borussia gewechselt. Seitdem dürfen die Fans wieder die tolle Dynamik des wuseligen Japaners bestaunen, die der BVB-Offensive eine ungeheure Durchschlagskraft verleiht. **Marco Reus (11)** stammt aus Dortmund und hat dort auch als Jugendspieler seine Fußballkarriere begonnen. Seinen Durchbruch als Profi erzielte er jedoch bei der anderen Borussia in Mönchengladbach. Nach einer tollen Saison 2011/12, in der er zum „Fußballer des Jahres" gewählt wurde, wechselte er zurück nach Dortmund. Der schlaksige Hochgeschwindigkeits-Fußballer mit der super Technik und dem ausgeprägten Torriecher stürmt meist über links. Als Spezialist für besonders schöne Treffer (drei „Tore des Monats" im Jahr 2012) hat sich der Weltklasse-Kicker sowohl beim BVB wie auch in der Nationalelf in die Herzen der Fans gespielt. Leider musste er vor großen Turnieren (WM 2014, EM 2016) stets wegen Verletzungen passen. 2013/14 kam **Pierre-Emerick Aubameyang (17)** (gesprochen „Oh-ba-me-jang") vom AS St. Etienne zum BVB. Die Markenzeichen des Nationalspielers aus Gabun, der in Frankreich zum Star geworden ist, sind auffällige Klamotten und Frisuren. Auf dem Platz zeigt sich der

Artistisch: Shinji Kagawa.

*Unheimlich schnell:
Pierre-Emerick Aubameyang.*

enorm schnelle Stürmer weniger verspielt. Stets ist er entschlossen, möglichst rasch zum Torschuss zu kommen. Mit 16 Treffern war er 2014/15 einer der besten Torschützen der Liga. 2015/16, als er 25-mal traf, verlor er das Duell um die Bundesliga-Torjägerkanone gegen den Ex-BVB-Knipser Robert Lewandowski nur knapp.

Anders als der Italiener Ciro Immobile, der 2014/15 mit nur drei Treffern nicht wirklich überzeugte und anschließend zum FC Sevilla abgegeben wurde, bekam **Adrian Ramos (20)** vom neuen BVB-Trainer Thomas Tuchel noch einmal eine Chance. Der Grund: Auch wenn er sich in seinem ersten Jahr in Dortmund nicht als Torjäger beweisen konnte, überzeugt der Nationalstürmer aus Kolumbien mit seinen Fähigkeiten im Kombinationsspiel. **Ousmane Dembélé (7)** übernahm 2016 die Nummer des nach Mönchengladbach abgewanderten Rechtsaußen Jonas Hofmann. Der von vielen großen Vereinen umworbene junge Stürmer aus Mali kam vom FC Stade Rennes aus der französischen Ligue 1. Er gilt als Riesentalent: enorm schnell, dribbelstark, unberechenbar und torgefährlich. Obwohl bereits Nationalspieler, gilt der junge Türke **Emre Mor (9)**, 2016 als 18-Jähriger verpflichtet, als „Rohdiamant", der erst noch richtig geschliffen werden muss. Der kleine Techniker hat zuvor beim dänischen FC Nordsjælland im Sturm gewirbelt. Er kann aber auch hinter den Spitzen oder auf der rechten Außenbahn spielen.

Als neue Schaltzentrale hinter den Spitzen ist seit 2016 wieder **Mario Götze (10)** vorgesehen. Der „verlorene Sohn" kehrte nach zähen Verhandlungen aus München zurück, wo er sich nie so recht wohlfühlte. Seine Aufgabe: Er soll die flinken Stürmer Aubameyang, Reus und Dembélé mit Vorlagen bedienen und jede Gelegenheit nutzen, selbst gefährlich zu werden. Also ganz so, wie er es vor seinem Weggang in vorbildlicher Weise gemacht hat. Oder wie im WM-Finale 2014, als er auf Vorlage des nun ebenfalls zum BVB gewechselten Linksaußen **André Schürrle (21)** den Siegtreffer erzielte. Der mit Götze eng befreundete Schürrle kickte beim FC Chelsea in London und zuletzt in Wolfsburg, ist aber ein alter Bekannter des BVB-Trainers. Von 2009 bis 2011 hatte er sich als Tuchel-Schützling in Mainz mit tollen Schüssen und vielen Toren ins Rampenlicht gespielt.

Emre Mor

André Schürrle

Dortmunder Jung: Marco Reus.

Seit Sommer 2016 zurück in Dortmund: Mario Götze.

ALLES RUND UM DEN BVB

Rund 1,38 Mio. Zuschauer pro Bundesliga-Saison

Über 500.000 BVB-Ticket-Anfragen für das CL-Endspiel 2013

Über 130.000 Vereinsmitglieder

Über 81.000 Zuschauer pro Spiel

55.000 Dauerkarten

Das BVB-Logo

Alle Fußballvereine haben ein Logo, eine Art Abzeichen. Diese Abzeichen sind die modernen Nachfolger der mittelalterlichen Wappen. Die Wappen der Ritter – aber auch der Handwerker und der Städte – waren sehr wichtig, da damals nur wenige Menschen lesen konnten. Die Bedeutung eines Wappens wurde von jedem sofort verstanden. Das ist heute nicht anders. Jeder kennt das kreisrunde BVB-Emblem mit dem Zusatz „09" auf gelbem Grund mit schwarzem Rand. Alle, die es sich an die Kleidung heften, geben sich damit als BVB-Fans zu erkennen.

Ursprünglich hatten die Borussia-Spieler nur ein freistehendes schwarzes „B" auf der linken Seite ihrer zitronengelben Trikots. Das heutige Logo ist im Winter 1918/19 entstanden. Sein Schöpfer ist vermutlich Edi Birk, ein Dortmunder Grafiker. Vorübergehend gab es auch andere Logos auf den BVB-Trikots. In der Zeit des Nationalsozialismus (1933 – 1945) trugen die Borussen statt des Emblems einen Reichsadler auf der Brust. Zur umfassendsten Veränderung kam es 1977. Damals war der niederländische Tabakhersteller Samson Trikotsponsor des BVB. Und so wurde ein Löwenkopf, das Firmensymbol von Samson, zum Logo. Nach nur einem Jahr folgte die Rückkehr des alten Logos. Dabei blieb es bis heute.

Trikotwerbung

Heute tragen die BVB-Stars nicht nur das Logo auf der Brust, sondern auch den Schriftzug eines Sponsors. Die erste Trikotwerbung in der Geschichte der Borussia gab es 1974. Die Stadt Dortmund hatte viel Geld für den Bau des Westfalenstadions gegeben. Die dankbaren Borussen trugen deswegen ein Logo mit Blumen und dem Dortmunder

Das Logo des BVB bestand zunächst nur aus einem „B".
Links: So sieht das Logo heute aus.

Samson war einer der ersten Trikotsponsoren der Borussia. Für kurze Zeit wurde sogar das Firmensymbol, der Löwenkopf, zum Logo.

Fernsehturm. Auf dem Rücken trugen die Spieler den Schriftzug „Dortmund", der bis heute gleich geblieben ist.

Die Namen auf der Trikot-Vorderseite haben sich häufig geändert. Zwischen 1976 und heute haben verschiedene Sponsoren die Brust der BVB-Spieler als Werbefläche gekauft. Der Tabakhersteller Samson zahlte 150.000 Euro pro Saison. Heute spült der Vertrag mit dem Dortmunder Industriekonzern Evonik pro Jahr rund 10 Mio. Euro in die Kassen des BVB. Bis zur offiziellen Bekanntgabe des Sponsors im Herbst 2007 hat man sich einen besonderen Gag einfallen lassen: Für kurze Zeit trugen die BVB-Spieler nur ein Ausrufezeichen des Künstlers Otmar Alt auf der Brust.

Die Biene Emma

Die Vereinsfarben des BVB sind Schwarz und Gelb. Genau wie die Farben der Biene. Was lag da also näher, als eine Biene zum Maskottchen des BVB zu küren? Umgesetzt wurde die Idee im April 2005. Seit-

dem schwirrt Emma, die auf den Spitznamen der BVB-Legende Lothar Emmerich getauft wurde, durchs Stadion.

Richtig berühmt wurde die Biene im Jahr 2008. Eine niederländische Pilotencrew entführte aus Jux die Plüsch-Emma aus einer Fanklub-Kneipe in Südlohn. Emma hatte dort auf dem Zapfhahn gethront. Die Piloten nahmen das Maskottchen mit auf eine Reise rund um den Erdball. Monatlich kamen zwei bis drei Karten in der Fankneipe an, auf denen Emma grüßte – etwa vor dem Weißen Haus in der amerikanischen Hauptstadt Washington. Nach einem Jahr kam Emma dann wohlbehalten zurück. Es war ein riesiges Ereignis. Vor der Fankneipe war ein roter Teppich ausgerollt, viele Fotografen und Fernsehteams standen bereit. Dann fuhr eine Stretch-Limousine vor, aus der unter dem Jubel der Südlohner BVB-Fans die Entführer samt Emma stiegen.

Borussia-Maskottchen Emma mit Fans.

Eines der ersten Spiele des BVB auf der „Weißen Wiese" im Jahr 1911.

Weiße Wiese

Der erste richtige Sportplatz der Borussia war die an der Wambeler Straße gelegene „Weiße Wiese". Der Name stammt von den abgeworfenen Blüten der Pappeln, die um das Spielfeld standen. Im Frühjahr sah der Platz oft aus wie ein weißer Flockenteppich. Ursprünglich handelte es sich um einen einfachen städtischen Ballspielplatz, auf dem die Tore zu den Spielen extra aufgebaut werden mussten. Bald schon reichte dem BVB der Sportplatz nicht mehr. Deshalb mietete er das Gelände und begann einen großen Ausbau.

Im Sommer 1924 wurde die neue Anlage eröffnet, die den Verein 50.000 Reichsmark gekostet hatte. Das war für damalige Verhältnisse eine enorme Summe.

Im Borussia-Sportplatz fanden etwa 12.000 Zuschauer Platz. Aber es handelte sich noch nicht um ein richtiges Stadion. Es gab eine 450 Meter lange Mauer rund um das Gelände, außerdem Umkleide- und Kassenhäuschen sowie einfache Zuschauerwälle, aber keine Tribüne. Im Jahr 1937 musste der Sportplatz dem Hoeschpark weichen. Der BVB zog in das Stadion Rote Erde um.

Präsidenten aus der Industrie

Franz Jacobi, Angestellter im Hoesch-Werk, war nicht nur Mitbegründer des BVB, sondern auch von 1910 bis 1923 ein umsichtiger Vereinsvorstand. Sein Nachfolger **Heinz Schwaben** (1923-28), der als Direktor der Union-Brauerei über sehr viel Geld verfügte, machte den Ausbau der Weißen Wiese zum „Borussia-Sportplatz" möglich. Später leisteten **August Busse**, (1928-33, 1934-45), der als Schlosser auf der Zeche Kaiserstuhl arbeitete, sowie **Heinz Günther** (1974-79), Direktor der Zeche Gneisenau, als Präsidenten gute Arbeit für den BVB.

Franz Jacobi war Gründungsmitglied des BVB und von 1910 bis 1923 Präsident des Vereins.

Die Kampfbahn Rote Erde während eines BVB-Spiels in den 1950er Jahren.

Rote Erde

Die Kampfbahn Rote Erde, ein Leichtathletikstadion mit Laufbahn, wurde 1926 errichtet. Der weitaus größte Teil der Zuschauer musste bei Regen im Freien stehen, denn es gab nur eine kleine überdachte Haupttribüne mit Sitzplätzen. Zum ersten Spiel des BVB in der Roten Erde kamen 10.000 Zuschauer ins Stadion und sahen, wie die Borussen den Hamburger SV in der 1. Runde des DFB-Pokals (damals Tschammerpokal) 1936/37 mit 3:1 besiegten. Zuschauerrekord vor dem Krieg waren 30.000 Anhänger, die im November 1939 eine 3:7-Schlappe der Borussia gegen Schalke erleben mussten.

Vor dem Start der Bundesliga 1963 erfolgte ein weiterer Ausbau des Stadions. Die Gegengerade wurde überdacht und um einige Sitzränge erweitert. In der Südkurve, wo sich die harten Fans drängelten, wurde eine Stahlrohrtribüne errichtet. Nun fanden in dem Stadion bis zu 42.000 Zuschauer Platz. Heute hat die Rote Erde nur noch ein Fassungsvermögen von 25.000 Zuschauern. Hier spielt u. a. die 2. Mannschaft der Borussia.

Trainingsgelände

Die Borussia war 1937 nur widerwillig in die Rote Erde umgezogen. Es gab am Stadion kein Trainingsgelände für die Jugendmannschaften. Außerdem verlangte die Stadt eine hohe Miete. Erst 1957 konnte der Verein ein eigenes Trainingsgelände an der Brackeler Straße beziehen. 1974 musste es der BVB aus finanzieller Not verkaufen. Der BVB trainierte nun häufig in der alten Kampfbahn oder auf Nebenplätzen des Westfalenstadions. Im Mai 2006 bezog der Verein das moderne Trainingszentrum in der Adi-Preißler-Allee 9, das auf einem ehemaligen Flughafengelände im Stadtteil Brackel errichtet wurde. Zu ihm gehören sieben große Fußballplätze mit Flutlichtanlage – zwei davon beheizt und einer mit Kunstrasen – sowie ein Gebäude mit Umkleidebereich, Entmüdungsbecken, Sauna und Presseraum.

Westfalenstadion

Im Jahr 1965 überlegte die Stadt Dortmund erstmals, ein neues Fußballstadion gleich neben der Roten Erde zu bauen. Als feststand, dass Dortmund bei der in Deutschland stattfindenden WM 1974 Spielort sein würde, wurde der Bau beschlossen. Ursprünglich wollte man ein Leichtathletik-Stadion mit Laufbahn errichten. Schließlich entschied man sich aber aus Kostengründen für ein reines Fußballstadion. Bei der Eröffnung hatte das Westfalenstadion 54.000 fast vollständig überdachte Plätze, wovon die Mehrzahl (37.000) Stehplätze waren.

Während der WM wurden im Westfalenstadion vier Spiele ausgetragen. Fußballerischer Höhepunkt war das 2:0 der Niederländer gegen Brasilien im Halbfinale. Danach erwarb sich das Stadion in der Bundesliga rasch einen besonderen Ruf. Weil keine Laufbahn die Zuschauer vom Spielfeld trennte, war die Atmosphäre hier dichter als in den meisten anderen Arenen. „Enge" Fußballstadien dieser Art wurden erst in den 1990er Jahren in großer Zahl errichtet. Der Ausbau des Westfalenstadions erfolgte in drei Stufen: 1995 wurde das Fassungsvermögen durch eine Aufstockung der Ost- und Westtribüne auf 55.000 Plätze (davon 38.500 Sitzplätze) erweitert.

Bis 1999 wurden die Süd- und Nordtribüne aufgestockt. Nun fanden 68.800 Zuschauer Platz, davon 27.000 auf Stehplätzen. Bis zur Saison 2003/04 wurden die bis dahin offenen Ecken geschlossen und die Kapazität damit auf knapp 83.000 Plätze erhöht. Nach mehreren kleinen Umbauten beträgt das Fassungsvermögen seit dem Sommer 2015 81.359 Plätze.

Seit der endgültigen Fertigstellung ist das Westfalenstadion die größte Fußballarena Deutschlands mit der größten Stehtribüne in Europa. Gleich in der ersten Spielzeit nach dem Ausbau setzte der BVB neue Maßstäbe: Mit über 79.000 Besuchern pro Heimspiel kam der Verein auf den größten Zuschauerschnitt in ganz Europa. Bis heute hat der BVB regelmäßig die meisten Zuschauer in der Bundesliga.

Die Rote Erde liegt im Schatten des Signal-Iduna-Parks.

Die Gesamtkosten des Stadionausbaus betrugen 110 Mio. Euro. Insbesondere mit der letzten Ausbaustufe hätte sich der BVB jedoch beinahe übernommen. Um kurzfristig an Geld zu kommen, verkaufte Borussia Dortmund Anteile am Stadion. Absicht war, diese durch jährliche Millionen-Zahlungen wieder zurückzukaufen. Zusammen mit den hohen Ausgaben für die Spieler führte das zur Finanzkrise im Herbst 2004.

Signal-Iduna-Park

Um die finanziellen Probleme in den Griff zu bekommen, verkaufte der BVB im Herbst 2005 die Namensrechte am Stadion an das Versicherungsunternehmen Signal Iduna. Im gleichen Jahr konnte das Stadion vom neuen Vorstand zurückgekauft und damit der Verein wirtschaftlich wieder auf einen gu-

ten Weg gebracht werden. Auch wenn die Fans weiterhin lieber vom Westfalenstadion sprechen, lautet der offizielle Name bis heute „Signal-Iduna-Park". Nur während der WM 2006, als hier neben vier Vorrundenspielen und einem Achtelfinalspiel auch das Halbfinale Deutschland gegen Italien (0:2) ausgetragen wurde, hieß die Arena „FIFA-WM Stadion Dortmund".

Ganz nah dran am Geschehen ist man auf den Rängen des Signal-Iduna-Parks.

Borusseum
Am 19. Dezember 2008, dem 99. Geburtstag der Borussia, wurde in der Nordostecke des Stadions das Borusseum eröffnet. Es ist ein Museum rund um die Geschichte des BVB. Man kann dort zum Beispiel eine Nachbildung der legendären Gründungsgaststätte „Zum Wildschütz" sehen. Weitere Attraktionen sind Fanartikel aus allen Zeiten oder das Originaltrikot von Lothar Emmerich aus dem Europacup-Finale von 1966.

Rekord-Fans

KidsClub
An junge Fans richtet sich die Webseite www.bvb-kidsclub.de. Da gibt es Antworten auf viele Fragen. Zum Beispiel: Wie kann ich meinem Lieblingsspieler einmal ganz nah sein? Wie kann ich zusammen mit anderen Kids den BVB bei Auswärtsspielen unterstützen? Wie werde ich Einlaufkind bei einem Bundesligaspiel?

Der BVB hat die meisten Zuschauer in Deutschland. Ob er nun Meister wird oder nicht – regelmäßig wird der BVB vor dem FC Bayern und Schalke 04 „Zuschauermeister". Seinen neuesten Rekord stellte der BVB 2015/16 auf, als zu den 26 Pflichtspielen 1.948.880 Zuschauer ins Stadion kamen. Die 17 Heimspiele in der Bundesliga besuchten 1.380.023 BVB-Fans – also pro Spiel durchschnittlich 81.178. Das bedeutet nicht nur für Deutschland, sondern auch europaweit einen Rekord. Selbstverständlich verkauft auch kein Verein so viele Dauerkarten wie der BVB. 2015/16 waren es 55.000. Auch damit ist der BVB natürlich die Nummer 1.

Auf den Stehplätzen tummeln sich viele unterschiedliche Fangruppen. Jeder kennt die Fans mit den schwarzgelben „Kutten", die ihre Borussia auf der Südtribüne lautstark anfeuern und jeden Gegner das Fürchten lehren. Sie sind nicht nur sehr zahlreich, sondern auch besonders einfallsreich. Sie kennen viele Lieder, die sie im Chor singen. Die buntesten und aktivsten, die sogenannten Ultras, lassen sich immer wieder neue Aktionen einfallen, um ihre Mannschaft mit schönen Choreografien anzufeuern. Die mehr als 25.000 offiziellen BVB-Fans sind in über 500 Fanklubs organisiert. Fanklubs gibt es auch außerhalb Deutschlands, die meisten aber kommen aus Dortmund und dem näheren Umland. Der Verein schätzt die Unterstützung durch seine Anhänger und hat daher eine Fanabteilung eingerichtet. Sie vertritt die Interessen der zahlreichen Fans. Fanbeauftragter ist kein Geringerer als Siggi Held, der legendäre BVB-Spieler und Europacup-Gewinner von 1966.

BVB KidsClub: Nuri Sahin gratuliert zum 1. Geburtstag.

Borsigplatz, Dortmund: Hier feiert der BVB mit den Fans, wenn er einen Titel holt.

Gegen Rassismus und Rechtsradikale

Leider gab es beim BVB auch rechtsradikale und fremdenfeindliche Fußballanhänger. Vor allem die „Borussenfront" war berüchtigt. Ihr wurden Gewalttaten gegen die Fans anderer Klubs und Schmähgesänge gegen Spieler mit dunkler Hautfarbe vorgeworfen. Das Dortmunder Fanprojekt hat aber in Zusammenarbeit mit den Ultras der Gruppe „The Unity" dafür gesorgt, dass heute Beleidigungen und Gewalt kaum mehr vorkommen. Das Fanprojekt wurde für seine Arbeit vom Deutschen Fußball-Bund ausgezeichnet.

Fanfreundschaft mit Celtic Glasgow

Seit 1987 besteht eine Fanfreundschaft zwischen Anhängern der Borussia und Fans des mehrfachen schottischen Meisters Celtic Glasgow. Anlass waren mehrere Aufeinandertreffen beider Vereine im Europapokal sowie die Beliebtheit der schottischen Spieler Murdo MacLeod und Paul Lambert, die für beide Vereine gekickt haben.

Südtribüne

Die 4.200 qm große Südtribüne, die Heimat der BVB-Fans, fasst 25.000 Zuschauer und ist damit die größte Stehtribüne Europas. Auf die Gegner wirkt die geballte Masse der Fans wie eine gelbe Wand. Nur bei internationalen Spielen muss die Tribüne auf Sitzplätze umgerüstet werden und fasst dann nur noch 10.500 Zuschauer.

Oben: BVB-Fan mit „Kutte".
Unten: Die Südtribüne: Europas größte Stehplatztribüne und Heimat der BVB-Fans. Hier sorgen die Ultras immer wieder für tolle Choreografien.

Das Derby gegen Schalke

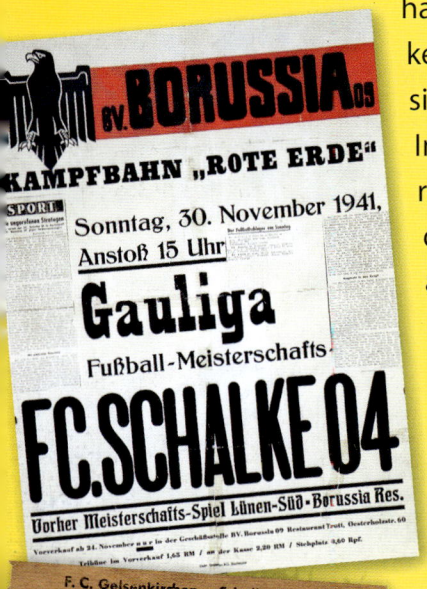

„Derby" nennt man ein Spiel zwischen zwei Vereinen, die aus derselben Stadt oder Region kommen. Das wichtigste Derby im Ruhrgebiet ist das Duell zwischen Borussia Dortmund und Schalke 04, den beiden erfolgreichsten Reviervereinen. Die Klubs haben viel gemeinsam. Sowohl Schalke 04 als auch Borussia Dortmund sind in Arbeitervierteln entstanden. In beiden Klubs haben die Einwanderer aus dem heutigen Polen eine bedeutende Rolle gespielt. Beide sind also typische Vertreter des Arbeiterfußballs im Ruhrpott. Kein Wunder also, dass sie zu besonders scharfen Konkurrenten wurden.

Als Schalke im Mai 1904 von jungen Bergleuten und Lehrlingen gegründet wurde, hieß der Verein noch Westfalia Schalke. Ende der 1920er Jahre begann seine große Zeit: Von 1929 bis 1933 wurde Schalke viermal Westdeutscher Meister, und zwischen 1934 und 1942 errangen sie fünfmal den deutschen Meistertitel.

Da beide Teams zunächst in unterschiedlichen Ligen kickten, gab es anfangs keine wirkliche Rivalität. Auch nach dem Aufstieg in die damalige Gauliga war der BVB noch nicht so stark wie Schalke. Erst am 14. November 1943 gelang den Borussen der erste Sieg gegen die Königsblauen.

Der 3:2-Sieg gegen Schalke am 18. Mai 1947, mit dem sich der BVB die Westfalenmeisterschaft sicherte, kündigte die Wende an. Zwar konnte Schalke noch zweimal die Oberliga West und einmal

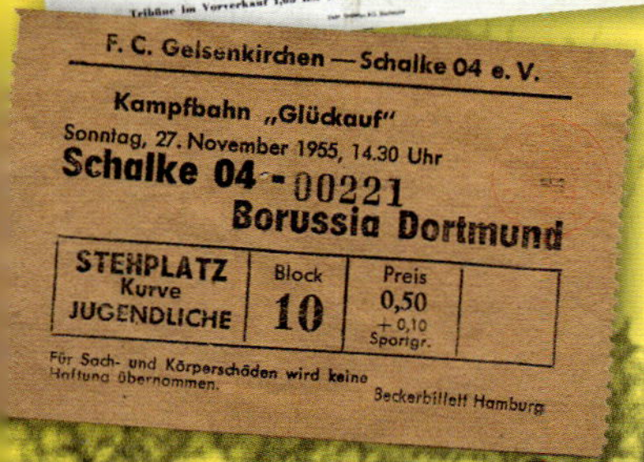

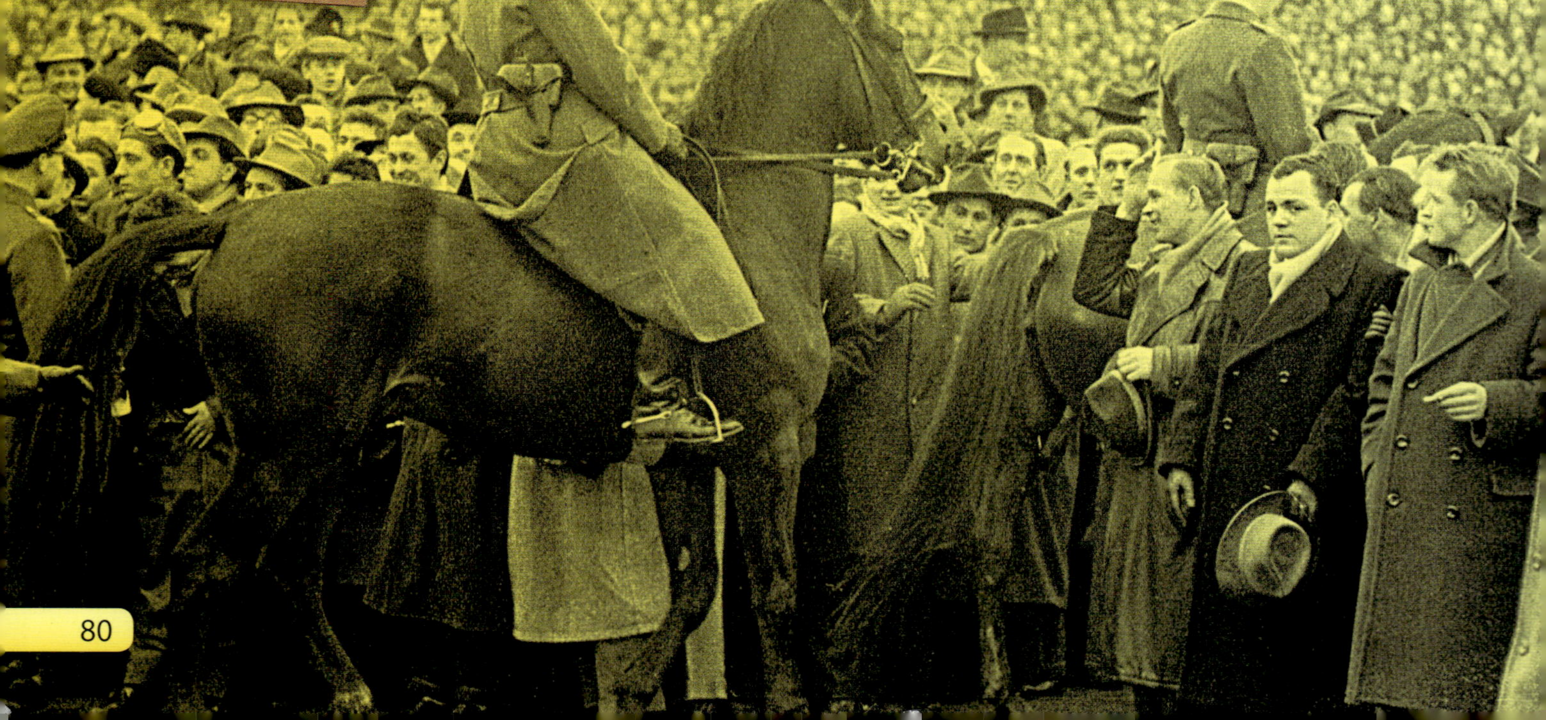

Bei den Spielen des BVB gegen Schalke war es immer rappelvoll. Manchmal musste die Pferdestaffel der Polizei eingreifen.

den deutschen Meistertitel gewinnen, aber der BVB wurde bis 1963 sechsmal Westmeister und gewann zudem dreimal die Deutsche Meisterschaft. In der ewigen Tabelle der Oberliga West belegt Borussia Dortmund Platz 1 vor Schalke 04 – mit einem Vorsprung von 45 Punkten und 171 Toren.

Bundesliga-Derby

In der Bundesliga war der BVB mit vier Meisterschaften bis heute deutlich erfolgreicher als die Schalker, die dort noch nie Meister werden konnten. In den Bundesliga-Duellen war die Bilanz bis 2012/13 exakt ausgeglichen. Nach den zwei Spielen der Saison 2015/16, die 3:2 und 2:2 endeten, sieht die Bilanz positiv aus: Von 88 Partien in den Jahren 1963 bis 2016 gewann der BVB 32. 30 verlor er, 26 Spiele endeten unentschieden.

Nicht selten waren die Derbys durch die Tabellensituation besonders brisant, wie z. B. in der Saison 2006/07. Da gewannen die Borussen am vorletzten Spieltag zuhause mit 2:0 gegen Schalke und sorgten so dafür, dass der VfB Stuttgart noch an den Königsblauen vorbeizog und Meister wurde.

Anti-Meister-Feier

Schalker Misserfolge sind für viele Fans der Schwarzgelben eine besondere Freude. 2007 feierte ganz Dortmund. Schalke hatte die Meisterschaft verpasst und war Dritter in der Bundesliga, der BVB nur auf Platz 13, aber das machte nichts. Denn Schalke war nun schon seit fast 50 Jahren ohne Meistertitel. Wenn sie schon selbst gerade keine Titel zu bejubeln hatten, dann wollten die Borussen-Fans sich wenigstens darüber freuen, dass die Königsblauen noch viel länger leer ausgegangen waren als sie.

Derbysieg 12. Mai 2007: Mit seinem Tor zum 2:0 zerstörte Smolarek die Schalker Meisterschaftsträume.

Trauriger Rekord: Der BVB erlitt 1978 gegen Mönchengladbach die bis heute höchste Bundesliga-Niederlage.

VERRÜCKTE SPIELE

Fünfmal gab es in der Bundesliga ein Spiel, in dem zwölf Tore fielen. Gleich viermal mischte der BVB mit. Leider war auch die höchste Niederlage dabei, die ein Verein in der Bundesliga jemals hinnehmen musste: Borussia Dortmund – 1. FC Kaiserslautern 9:3 (1963/64), FC Bayern München – Borussia Dortmund 11:1 (1971/72), Borussia M'gladbach – Borussia Dortmund 12:0 (1977/78), Borussia Dortmund – Arminia Bielefeld 11:1 (1982/83). Die höchsten Auswärtssiege des BVB in der Bundesliga: 6:1 gegen den 1. FC Köln (1994/95), 5:0 gegen den VfB Stuttgart (1995/96) und Fortuna Düsseldorf (1966/67).

POKAL-REKORDSIEG

Am 5. August 1978 siegte der BVB im DFB-Pokal gegen den BSV Schwenningen 14:1 und stellte damit einen Rekord für diesen Wettbewerb auf.

DIE MEISTEN TORE EINES BVB-SPIELERS IN EINEM PFLICHTSPIEL

Wolfgang Vöge: 6 Tore am 5. August 1978 beim 14:1 gegen Schwenningen.
Manfred Burgsmüller: 5 Tore am 6. November 1982 beim 11:1 gegen Arminia Bielefeld.

DIE MEISTEN KARTEN IN EINEM BUNDESLIGA-SPIEL ÜBERHAUPT

Borussia Dortmund gegen Bayern München (2000/01): 10 x Gelb, 1 x Gelb-Rot, 2 x Rot für beide Teams.

BESTER VIZEMEISTER ALLER ZEITEN

78 Punkte (2015/16)

MEISTE BALLKONTAKTE IN EINEM BUNDESLIGA-SPIEL

214, Julian Weigl (am 34. Spieltag 2015/16 gegen den 1. FC Köln)

DIE MEISTEN BUNDESLIGA-SPIELE FÜR DEN BVB

Michael Zorc (463), Roman Weidenfeller (340), Dede (322), Stefan Reuter (307), Lars Ricken (301), Günter Kutowski (288)

DIE MEISTEN BUNDESLIGA-TORE FÜR DEN BVB

Manfred Burgsmüller (135), Michael Zorc (131), Lothar Emmerich (115), Stéphane Chapuisat (102), Robert Lewandowski (74), Andy Möller (71), Reinhold Wosab (60), Jan Koller (59), Pierre-Emerick Aubameyang (54)

DIE MEISTEN PLATZVERWEISE IM TRIKOT DES BVB

Jens Lehmann (4)

Kein anderer BVB-Spieler sah so oft Rot wie Jens Lehmann.

BVB-Rekordspieler Michael Zorc wird zum Abschied von seinen Mitspielern auf den Schultern getragen.

DIE MEISTEN BVB-EIGENTORE

Thomas Helmer (4 und damit genauso viele wie Franz Beckenbauer). Die meisten Eigentore überhaupt: Manfred Kaltz, Hamburger SV (6).

OHNE GEGENTOR

BVB-Torwart Hans Tilkowski blieb vom 5. März bis zum 23. April 1966 in der Bundesliga 549 Minuten ohne Gegentor. Das war damals Rekord. Aktuelle Bestmarke: Timo Hildebrand (2003/04 884 Minuten).

GRÖSSTER BVB-SPIELER ALLER ZEITEN

Jan Koller (2,02 Meter).

KLEINSTER BVB-SPIELER ALLER ZEITEN

Dieter Kurrat (1,63 Meter).

BUNDESLIGA-TORSCHÜTZEN- KÖNIGE DES BVB

Lothar Emmerich (1965/66 mit 31 Toren und 1966/67 mit 28 Toren), Robert Lewandowski (2013/14 mit 20 Toren), Márcio Amoroso (2001/02 mit 18 Toren).

DER SCHNELLSTE HATTRICK IN DER BUNDESLIGA

Norbert Dickel 1988/89 im Spiel gegen Hannover 96 (4:0). Seine drei Treffer fielen zwischen der 67. und 73. Minute, also innerhalb von nur sechs Minuten.

DER JÜNGSTE DEUTSCHE MEISTER

Ibrahim Tanko war am Tag der Meisterschaft 1995 17 Jahre und 327 Tage alt – und ist damit bis heute der jüngste Meisterspieler aller Zeiten.

FUSSBALLSPIELER DES JAHRES (DEUTSCHLAND)

Hans Tilkowski (1965)
Matthias Sammer (1995, 1996)
Jürgen Kohler (1997)

FUSSBALLSPIELER DES JAHRES (EUROPA)

Matthias Sammer (1996)

AM LÄNGSTEN UNGESCHLAGEN

28 Spiele in Folge vom 24.9.2011 bis 5.5.2012 (7. bis 34. Spieltag 2011/12, Bundesliga-Saisonrekord, 2013/14 vom FC Bayern eingestellt)

EWIGE TABELLE DER BUNDESLIGA

	Verein	Spiele	Punkte	Tore
1.	FCB	1.738	3.443	3.764:1.919
4.	BVB	1.662	2.611	2.915:2.355

(Stand: 14.5.2016)

BVB-Spieler im DFB-Dress

Den ersten Nationalspieler des BVB gab es am 28. April 1935 in Brüssel gegen Belgien zu bewundern. Der damalige Zweitligaspieler August Lenz brachte es auf insgesamt 14 Länderspiele. Er war eine große Ausnahme. Der BVB war damals noch kein Topteam, und deshalb gab es lange Zeit keine weiteren Nationalspieler aus Dortmund. Erst am 22. November 1950, beim 1:0 gegen die Schweiz in Stuttgart, durfte der zweite Borusse im Nationaltrikot ran: Erich Schanko. Obwohl er bei seinem Debüt bereits 32 Jahre alt war, brachte es Schanko wie zuvor Lenz auf 14 Einsätze. Alle anderen Nationalspieler des BVB in den 1950er Jahren kamen im DFB-Dress nur zu wenigen Einsätzen.

Erfolgreicher waren BVB-Spieler erst bei der WM 1966. Im Finale gegen England (2:4 n.V.) standen mit Hans Tilkowski, Siggi Held und „Emma" Emmerich gleich drei Borussen auf dem Platz. 1990 wurde Deutschland mit zwei Borussen

Gefragt: Lothar Emmerichs Autogramme bei der WM 1966 in England.

Dortmunder Jubel bei der EM 1996 in England: Die BVB-Spieler Sammer, Möller und Reuter feiern mit Torhüter Köpke.

(Frank Mill und Andreas Möller) in Italien Weltmeister. Bei der Europameisterschaft 1996 schließlich spiegelten sich die Erfolge der Borussia auch im Nationalteam: Jürgen Kohler, Matthias Sammer, Stefan Reuter, Steffen Freund und Andreas Möller reisten mit nach England und holten dort den Titel. Obwohl kurz vor der WM 2014 der als Stammkraft gesetzte Marco Reus verletzt ausfiel, fuhren immer noch fünf Borussen mit nach Brasilien: Roman Weidenfeller, Mats Hummels, Erik Durm, Kevin Großkreutz und Matthias Ginter. In der Mannschaft, die dann den Weltmeistertitel holte, war Mats Hummels gesetzt, ebenso in der Mannschaft, die bei der EM 2016 ins Halbfinale vordrang. Auf der Bank mit dabei war Julian Weigl.

Bei der WM 2014 in Brasilien erzielte Mats Hummels im Viertelfinale gegen Frankreich per Kopf das 1:0 und sicherte damit den knappen Sieg.

Die deutschen Nationalspieler des BVB

Angegeben: (Länderspiele/Tore gesamt) Länderspiele/Tore für den BVB
(Stand: 7.7.2016)

Möller, Andreas (85/29) 53/15	Lehmann, Jens (61/0) 15/0	Immel, Eike (19/0) 4/0
Sammer, Matthias (51/8) 38/7	Lenz, August (14/9) 14/9	Kwiatkowski, Heinz (4/0) 4/0
Wörns, Christian (66/0) 37/0	Schanko, Erich (14/0) 14/0	Reinhardt, Knut (7/0) 3/0
Held, Siegfried (41/5) 35/8	Helmer, Thomas (68/5) 10/0	Burgsmüller, Manfred (3/0) 3/0
Reuter, Stefan (69/2) 33/0	Konietzka, Friedhelm (9/3) 9/3	Libuda, Reinhard (26/3) 2/1
Kohler, Jürgen (105/2) 31/2	Riedle, Karlheinz (42/16) 9/2	Cieslarczyk, Hans (7/3) 2/0
Kehl, Sebastian (31/3) 28/2	Mill, Frank (17/0) 8/0	Herrlich, Heiko (5/1) 2/0
Metzelder, Christoph (47/0) 28/0	Schulz, Michael (7/0) 7/0	Preißler, Alfred (2/0) 2/0
Schmidt, Alfred (25/8) 25/8	Kelbassa, Alfred (6/2) 6/2	Neuberger, Willi (2/0) 2/0
Heinrich, Jörg (37/2) 25/2	Schütz, Jürgen (6/2) 6/2	Schlebrowski, Elwin (2/0) 2/0
Tilkowski, Hans (39/0) 21/0	Nerlinger, Christian (6/1) 6/1	Peters, Wolfgang (1/0) 1/0
Freund, Steffen (21/0) 21/0	Emmerich, Lothar (5/2) 5/2	Redder, Theodor (1/0) 1/0
Frings, Torsten (79/10) 17/2	Odonkor, David (16/1) 5/0	Sturm, Wilhelm (1/0) 1/0
Ricken, Lars (16/1) 16/1	Votava, Miroslav (5/0) 5/0	Zorc, Michael (7/0) 7/0

Aktuelle deutsche Nationalspieler

Hummels, Mats (50/4) 49/4	Bender, Sven 7/0
Götze, Mario (56/17) 22/5	Durm, Erik 7/0
Reus, Marco (29/9) 21/7	Großkreutz, Kevin 6/0
Schmelzer, Marcel 16/0	Weidenfeller, Roman 5/0
Gündogan, Ilkay 16/4	Weigl, Julian 1/0
Ginter, Matthias (9/0) 7/0	

Deutsche Nationalspieler nach Vereinen

(Stand: 7.7.2016)
1. Bayern München 87 Spieler / 2.079 Einsätze
2. Borussia Dortmund 52 Spieler / 725 Einsätze

Unglücklich
Bei der WM 1954 stand BVB-Keeper Kwiatkowski einzig in der Vorrunde beim 3:8 gegen Ungarn im Tor. Nachdem sein Tor bei der WM 1958 im Spiel um Platz 3 gegen Frankreich erneut zur Schießbude geworden war (3:6), bat er Nationaltrainer Sepp Herberger darum, ihn künftig nicht mehr aufzustellen.

Dortmunder Eigengewächse

Die großen Erfolge Borussia Dortmunds waren schon immer mit der guten Jugendarbeit des Vereins verbunden. In der Mannschaft, die 1949 Deutscher Vizemeister wurde, standen viele ehemalige A-Jugend-Spieler, die zehn Jahre zuvor gegen Schalke 04 die Westfalenmeisterschaft und dann die westdeutsche Meisterschaft geholt hatten. Auch zahlreiche Mitglieder der Meistermannschaft von 1956 und 1957 – wie Max Michallek, Helmut Bracht oder Herbert Sandmann – kickten bereits als Jugendliche für den BVB. Bis in die 1960er Jahre versuchte man, Talente aus Dortmund oder dem Umkreis möglichst frühzeitig zu verpflichten. Dass die Leistungen der Borussia nach dem Gewinn des Europapokals 1966 eine Zeit lang schwächer wurden, lag nicht zuletzt daran, dass man die Jugendarbeit nun vernachlässigte. Erst zu Beginn der 1980er Jahre gingen aus der Jugendabteilung der Borussia wieder Klassespieler hervor. Mit Michael Zorc und Ralf Loose starteten in der Saison 1981/82 zwei Juniorenweltmeister ihre Bundesligakarriere. In den folgenden Jahren verstärkte der BVB die Talentsuche in der Region und hatte damit schon nach kurzer Zeit Erfolg. In den 1990er Jahren waren die A- und B-Junioren des BVB in Deutschland führend. Zahlreiche ehemalige Jugendspieler –

etwa Stefan Klos, Lars Ricken, Marc-André Kruska – wurden Stammspieler in der Bundesliga. Heute hat der BVB für einen Spitzenklub erstaunlich viele Spieler aus der eigenen Jugend im Kader.

Jugendkraft in Schwarzgelb

Beim BVB wurden Eigengewächse nicht nur „herangezüchtet", sie kamen oft auch sehr frühzeitig in der Bundesliga zum Einsatz. Die beiden Jugendlichen Lars Ricken und Ibrahim Tanko bildeten in der Meistersaison 1994/95 den Dortmunder „Baby-Sturm". Nuri Sahin rückte direkt von den B-Junioren in den Profikader auf und machte im August 2005 als 16-Jähriger sein erstes Spiel in der Bundesliga. 2008/09 sorgte der „Kinderrie-

Rechts: Profidebüt mit 16 Jahren: Nuri Sahin in seinem ersten Bundesligaspiel im August 2005.

Felix Passlack (links) und Christian Pulisic, beide Jahrgang 1998, durften bereits in der Bundesliga für den BVB ran. Zum 3:0 gegen den HSV am 30. Spieltag 2015/16 steuerte Pulisic den ersten Treffer bei.

gel" mit Mats Hummels und Neven Subotic in der Innenverteidigung des BVB für Schlagzeilen. Im November 2009 machte der 17-jährige Mario Götze sein erstes Bundesligaspiel.

Auch zwischen 2013 und 2015 durften sich etliche BVB-Nachwuchsspieler bei den Profis versuchen, so etwa die Abwehrspieler Marian Sarr und Koray Günter oder die Offensivspieler Marvin Duksch und Jeremy Dudziak. Richtig durchgesetzt hat sich von ihnen noch keiner. Vielleicht wird das bei den großen Talenten des Jahrgangs 1998 anders. Die Experten jedenfalls versprechen sich viel von den Mittelfeld- und Offensivkräften Christian Pulisic und Dzenis Burnic sowie Felix Passlack, der schon 2012 die Zuschauer bei Juniorenspielen des BVB begeisterte.

A- und B-Junioren

Seit 1969 werden im Jugendfußball Deutsche Meisterschaften ausgetragen. Die höchsten Ligen sind heute die U-19-Bundesliga (A-Jugend) und die U-17-Bundesliga (B-Jugend). Die Teams des BVB waren sehr erfolgreich. Die A-Junioren wurden sechsmal Deutscher Meister: von 1994 bis 1998 und, nach langer Pause, endlich wieder 2016. Angeführt von Kapitän Felix Passlack gelang ein 5:3-Endspielsieg gegen die TSG Hoffenheim. Auch die B-Junioren holten sechsmal die Meisterschaft (1984, 1993, 1996, 1998, 2014 und 2015). Beim letzten Titel, als der VfB Stuttgart im Finale mit 4:0 geschlagen wurde, wirkten neben Passlack auch Dzenis Burnic und Christian Pulisic mit. Ihre Nachfolger kamen 2016 zwar ebenfalls bis ins Finale, verloren aber mit 0:2 gegen Bayer Leverkusen.

BVB-Akademie
Der BVB macht nicht nur eine erfolgreiche Jugendarbeit. Er bemüht sich auch ganz besonders um junge Profispieler im Alter bis 23 Jahre. Sie erhalten in der BVB-Akademie zusätzlich zum normalen Training speziellen Fußballunterricht. Die Idee dahinter: Gerade junge Spieler können sich stark verbessern, wenn sie den ganzen Tag lernen.

„Schwarzgelbe Stunde"
In der „Schwarzgelben Stunde" ist die Borussia Unterrichtsfach. Für Schulklassen gibt es die Möglichkeit, den Verein und das Leben eines BVB-Nachwuchsspielers kennenzulernen.

Lexikon der wichtigsten BVB-Trainer seit 1946

In der Oberliga (1946 – 1963) und danach in der Bundesliga haben sich beim BVB bis 2011 nicht weniger als 48 Trainer versucht. Helmut Schneider, Uli Maslo, Reinhard Saftig sowie Udo Lattek wurden gleich zweimal engagiert. Nicht alle waren aber richtig erfolgreich. Die wichtigsten Trainer im Kurzporträt:

Eppenhoff, Hermann (*19.5.1919 †10.4.1992 / 1961-65) Als ehemaliger Spieler von Schalke 04 wurde Eppenhoff erster Bundesligatrainer des BVB. Bei Spielern und Fans war der sachliche und immer freundliche Mann sehr beliebt. Seine Erfolge: Deutsche Meisterschaft 1963 und DFB-Pokalsieg 1965.

Hitzfeld, Ottmar (*12.1.1949 / 1991-97) Kaum jemand kannte den intelligenten Mathematiker, Ex-Profi (u. a. VfB Stuttgart) und in der Schweiz erfolgreichen Trainer, als er 1991 nach Dortmund kam. Und doch wurde er zum erfolgreichsten BVB-Trainer aller Zeiten. Innerhalb von sechs Jahren machte er aus der Borussia eine europäische Spitzenmannschaft, gewann zwei Meistertitel, die Champions League und den Weltpokal. Hitzfelds Erfolgsgeheimnis: Er setzte konsequent seine Ideen durch, blieb immer ein unumstrittener Chef, konnte sich aber auch sehr gut in die Spieler einfühlen. Sein größter Trumpf war das gute Verständnis mit seinem Führungsspieler auf dem Platz, dem Hitzkopf Matthias Sammer. Nach seinem Abschied als Trainer 1997 war Hitzfeld noch ein Jahr als Sportdirektor in Dortmund tätig, bevor er zum FC Bayern nach München wechselte.

Klopp, Jürgen (*16.6.1967 / 2008-15) Durch seine vielen Fernsehauftritte war der redefreudige Klopp bereits vor seinem Wechsel vom FSV Mainz 05 zum BVB im Jahr 2008 ein bekannter Fußballexperte. Klopp kann Fußballtaktik so gut und unterhaltsam erklären wie kaum ein Zweiter. Er ist überzeugt, dass Leistung im Fußball planbar ist, und setzt auf die Unterstützung von vielen Spezialisten z. B. für Fitness, Psychologie, Leistungsdiagnostik, Spielanalyse. Aber Klopp will auch, dass seine Spieler selbständig handeln und mit aller Leidenschaft kicken. Das taten sie 2010/11 so erfolgreich, dass zwei Meisterschalen und ein DFB-Pokal in den Trophäenschrank der Borussia wanderten. Zum Ende der mauen Saison 2014/15 glaubte er nicht mehr an seine „Magie" und gab seinen Abschied bekannt.

Köppel, Horst (*17.5.1948 / 1988-91) Immer etwas unauffällig blieb der Mann, der 1988 als Co-Trainer von DFB-Teamchef Franz Beckenbauer nach Dortmund wechselte. Nach 13 titellosen Jahren wurde der BVB mit dem stillen Köppel 1989 Pokalsieger.

Lattek, Udo (*16.1.1935 / 1979-81, 2000) Der Erfolgstrainer von Borussia Mönchengladbach kam 1979 und brachte den BVB ins obere Tabellendrittel. Vielleicht wäre noch mehr drin gewesen, aber Lattek wechselte im Jahr darauf zum FC Barcelona. Gegen Ende der Saison 1999/2000, inzwischen 65 Jahre alt, kehrte er noch einmal nach Dortmund zurück und rettete den BVB vor dem Abstieg.

Multhaup, Willi (*19.7.1903 †18.12.1982 / 1965/66) Seinen Spitznamen „Fischken" hatte der gebürtige Essener der elterlichen Fischhandlung zu verdanken. Er kam als einer der ersten Startrainer der Bundesliga (Meister mit Bremen 1965)

Jürgen Klopp und sein Nachfolger Thomas Tuchel (2012, damals noch als Trainer von Mainz 05).

und gewann mit dem BVB den Europapokal der Pokalsieger 1966. Multhaup machte gerne Späße, hatte aber klare Vorstellungen, die er konsequent durchsetzte. Nach nur einem Jahr verließ der selbstbewusste Trainer den BVB, weil er sich vom Vorstand nicht in seine Arbeit hineinreden lassen wollte.

Rehhagel, Otto (*9.8.1938 / 1976-78) Der spätere Erfolgstrainer von Werder Bremen und der Nationalmannschaft Griechenlands führte den BVB nach dem Wiederaufstieg 1976/77 in der Bundesliga auf Platz 8. Auf ewig verbunden ist sein Name in Dortmund mit der fürchterlichen 0:12-Niederlage gegen Mönchengladbach am letzten Spieltag der Saison 1977/78. Es war das letzte Spiel von „Otto Torhagel" als BVB-Trainer.

Sammer, Matthias (*5.9.1967 / 2000-04) Der erfolgreiche Ex-Kapitän des BVB kam als Co-Trainer von Udo Lattek und wurde zur Saison 2000/01 Cheftrainer beim BVB. Er trieb sein Team mit demselben Ehrgeiz an, den er früher auf dem Platz gezeigt hatte. In seinem ersten Trainerjahr wurde er Dritter, im Jahr darauf erreichte er im Alter von erst 34 Jahren die Meisterschaft und das UEFA-Cup-Finale. Dann verblasste sein Stern allmählich. Die Mannschaft spielte immer schlechter und wurde 2004 nur noch Sechster. Seine Trainer-Karriere in Dortmund war damit beendet.

Schneider, Helmut (*13.7.1913 †13.2.1984 / 1955-57, 1969) Er war gebürtiger Pfälzer, kam 1954 und führte den

BVB 1956 und 1957 zu seinen ersten beiden Meistertiteln. Besonders stolz war Schneider auf das Fußballlehrer-Diplom, das er an der Deutschen Sporthochschule in Köln erworben hatte. Von komplizierter Taktik hielt er aber nicht viel. Die Spieler sollten gut mit dem Ball umgehen können, saubere Pässe spielen und mit flüssigen Kombinationen Torchancen herausspielen.

Skibbe, Michael (*4.8.1965 / 1998-2000) Mit dem selbst noch sehr jungen Jugendtrainer Skibbe, der seine eigene Fußballkarriere wegen Verletzung sehr früh hatte beenden müssen, sammelte die A-Jugend des BVB in den 1990er Jahren einen Meistertitel nach dem anderen. Als er dann auch noch die BVB-Amateure in die Regionalliga geführt hatte, durfte er ab 1998 in der Bundesliga ran. Zunächst war er erfolgreich und führte die Mannschaft auf Platz 4. Als der BVB aber im Jahr darauf in Abstiegsgefahr geriet, war Skibbe seinen Trainerjob in Dortmund wieder los.

Tuchel, Thomas (*29.8.1973 / seit 2015) Kloppos Nachfolger gewann 2009 als Trainer der A-Jugend des FSV Mainz 05 den deutschen Meistertitel. Endspielgegner war damals übrigens der BVB, den man mit 2:1 besiegte. In der darauffolgenden Saison trainierte er bereits die Mainzer Profis in der Bundesliga, die bis 2008 erfolgreich von Jürgen Klopp betreut worden waren. Tuchel erwies sich als exzellenter Taktiker, der auch gerne über seine Ideen redete. 2010/11 führte er die Mainzer sogar vorübergehend an die Tabellenspitze. Und in seiner ersten Saison mit dem BVB gelang ihm 2015/16 gleich die beste Vizemeisterschaft aller Zeiten.

van Marwijk, Bert (*19.5.1952 / 2004-06) Der niederländische Trainer kam 2004 von Feyenoord Rotterdam und fand in Dortmund eine sportlich und finanziell sehr schwierige Situation vor. 2004/05 schaffte er dennoch die beste Rückrunde in der Vereinsgeschichte des BVB. Danach lief es sportlich kaum noch rund. Als ihn die Fans immer häufiger auspfiffen, musste er vor der Winterpause 2006/07 seine Koffer packen.

Zebec, Branko (*17.5.1929 †26.9.1988 / 1981-82). Der frühere Nationalspieler Jugoslawiens, zuvor u.a. beim HSV und dem FC Bayern erfolgreich, kam 1981 zum BVB. Er verfeinerte das Spiel der Borussen taktisch und hatte damit Erfolg: 6. Platz und Teilnahme am Europacup. Danach musste der international anerkannte Fachmann den Job beim BVB aus gesundheitlichen Gründen leider beenden.

Erfolgstrainer: Ottmar Hitzfeld gewann mit dem BVB u.a. die Champions League.

Alexander Frei

Willi Burgsmüller

Lexikon der BVB-Spieler (Auswahl)

Stand: 21.5.2016

Abkürzungen: DFB = Pokalsieg, DM = Deutsche Meisterschaft, CL = Champions League, PS = Pokalsieger-Cup. In Klammern: Zeitraum beim BVB, Spiele/Tore für den BVB. OL = Oberliga, BL = Bundesliga, ZL = 2. Liga. Wenn nicht anders angegeben, handelt es sich um Spiele in der Bundesliga.

A

Abramczik, Rüdiger (*18.2.1956). Torgefährlicher Flankengott, kam von Schalke (1980-83, 90/30).

Addo, Otto (*9.6.1975). Flotter Dribbler aus Ghana (1999 – 2006, 75/11). 1 x DM

Amoroso, Marcio (*5.7.1974). Superteurer und torgefährlicher Brasilianer, aber oft launisch (2001-04, 59/28). 1 x DM

Assauer, Rudolf (*30.4.1944). Defensivspieler, später Zigarren rauchender Manager auf Schalke (1964-70, 119/8). 1 x DFB, 1 x PS

Aubameyang, Pierre-Emerick (*18.6.1989). Pfeilschneller Stürmer aus Gabun, immer auffällig frisiert (2013-16, 86/54).

B

Barrios, Lucas (*13.11.1984). Quirliger argentinisch-paraguayischer Goalgetter (2009-12, 83/39). 2 x DM, 1 x DFB

Bender, Sven (*27.4.1989). Oberbayerischer Defensiv-Spezialist (2009-16, 152/4). 2 x DM, 1 x DFB

Blaszczykowski, Jakub (*14.12.1985). Blitzschneller Mittelfeldspieler aus Polen, der von allen nur „Kuba" genannt wird (2007-15, 197/27). 2 x DM, 1 x DFB

Bracht, Helmut „Jockel" (*11.9.1929). Teamspieler im Mittelfeld, bereits in seiner Jugend im BVB-Trikot (1954-64, OL: 195/57). 3 x DM

Brungs, Franz (*4.12.1936). Extrem torgefährliches „Goldköpfchen", leider nur kurz beim BVB (1963-65, 54/23). 1 x DFB

Brzenska, Markus (*25.5.1984). Langer Lulatsch in der Abwehr (2003-08, 86/6).

Bürki, Roman (*14.11.1990). Immer gut frisierter Klassekeeper aus der Schweiz (2015/16, 33/0).

Burgsmüller, Manfred (*22.12.1949). Immer frech und fast immer torgefährlich (1976-83, 224/135).

Burgsmüller, Willi (*18.11.1932). Als Außenverteidiger immer zuverlässig (1951-64, OL: 222/0, BL: 19/0). 3 x DM

C

Castro, Gonzalo (*11.6.1987). Deutsch-spanischer Mittelfeldmann mit edlem Fuß (2015/16, 25/3).

Cesar, Julio (*8.3.1963). Bärenstarker Defensivkünstler aus Brasilien (1994-99, 80/7). 2 x DM, 1 x CL

Chapuisat, Stéphane „Chappi" (*28.6.1969). Fantastischer Torjäger aus der Schweiz (1991-99, 218/102). 2 x DM, 1 x CL

Cyliax, Gerd (*23.8.1934). Flitzer am linken Flügel (1959-68, OL: 74/13, BL: 101/6). 1 x DM, 1 x DFB, 1 x PS

D

De Beer, Wolfgang (*2.1.1964). Langjähriger Stammkeeper, liebevoll „Teddy" genannt (1986-2001, 181/0). 2 x DM, 1 x DFB, 1 x CL

Dede (*18.4.1978). Ballsicherer Glatzkopf-Brasilianer mit deutschem Pass (1998-2011, 322/12). 2 x DM

Dickel, Norbert (*27.11.1961). Umjubelter Held im Pokalendspiel 1989 (1986-89, 90/40). 1 x DFB

Durm, Erik (*12.5.1992). Enorm talentierter linker Offensivverteidiger (2013-16, 51/2).

E

Emmerich, Lothar (*29.11.1941). Die „Emma" mit furchterregender linker Klebe (1960-69, 183/115). 1 x DFB, 1 x PS

Ewerthon, Henrique de Souza (*10.6.1981). Brasilianischer Sambakicker, mit beiden Füßen ein Jongleur (2001-05, 119/47). 1 x DM

F

Feiersinger, Wolfgang (*30.1.1965). Super Libero mit tollem Stellungsspiel (1996-2000, 57/0). 1 x CL

Frei, Alexander (*15.7.1979). Braver Schweizer, aber im Strafraum brandgefährlich (2003-09, 74/34).

Freund, Steffen (*19.1.1970). Sicherte zuverlässig für den Spielmacher Andy Möller ab (1993-99, 117/6). 2 x DM, 1 x CL

Frings, Torsten (*22.11.1976). Leidenschaftlicher Kämpfer im Mittelfeld (2002-04, 47/10).

G

Ginter, Matthias (*19.1.1994). Defensivspezialist, jüngster Weltmeister 2014 (2014-16, 38/3).

Götze, Mario (*3.6.1992). Großes Talent mit großer Zukunft, ein Schlitzohr mit Torriecher (2009-13, 83/22). 2 x DM, 1 x DFB

Großkreutz, Kevin (*19.7.1988). Dortmunder Junge und selbst größter Fan des BVB, war vielseitig einsetzbar (2009-15, 175/23). 2 x DM, 1 x DFB

Gündogan, Ilkay (*24.10.1990). Deutsch-türkischer Ballzauberer, wendig und sicher im Passspiel (2011-16, 105/10). 1 x DM, 1 x DFB

H

Häßler, Thomas (*30.5.1966). Kleiner Supertechniker, konnte sich beim BVB nicht durchsetzen (1999-2000, 18/2).

Heinrich, Jörg (*6.12.1969). Schnurrte beim BVB zuverlässig auf der linken Außenbahn (1996-98, 2000-03, 140/18). 2 x DM, 1 x CL

Held, Sigfried (*7.8.1942). Vorbereiter und Flanken-könig, der auch selbst oft traf (1965-71, 1977-79, 230/44). 1 x PS

Helmer, Thomas (*21.4.1965). Anführer in der Defensive, später beim FC Bayern (1986-92, 190/16). 1 x DFB

Herrlich, Heiko (*3.12.1971). Intelligenter Stürmer, der viel von Gott sprach (1996 – 2004, 128/41). 2 x DM, 1 x CL

Hofmann, Jonas (*14.7.1992). Spielintelligentes Talent im offensiven Mittelfeld (2013-16, 33/3).

Hummels, Mats (*16.12.1988). Super Innenverteidiger, als junges Talent dem FC Bayern abgeschwatzt (2007-16, 225/19). 2 x DM, 1 x DFB

I

Immel, Eike (*27.11.1960) Dauerbrenner im BVB-Tor, kassierte leider viele Tore (1978-86, 247/0).

K

Kagawa, Shinji (*17.3.1989). Wirbelte wie ein japanischer Taifun durch jede gegnerische Abwehr (2010-12, 2014-16, 106/35). 2 x DM, 1 x DFB

Kapitulski, Helmut (*29.8.1934). Mit 21 Jahren Jüngster im ersten Meisterschaftsendspiel des BVB 1956 (1953-57, OL: 76/15). 2 x DM

Kehl, Sebastian (*13.2.1980). Mittelfeldstratege mit Qualitäten als Anführer (2002-15, 274/20). 2 x DM, 1 x DFB

Kelbassa, Alfred (*21.4.1925 †11.8.1988). Sagenhafter Leichtathlet, im BVB-Trikot immer für ein Tor gut (1954-62, OL: 183/114). 2 x DM

Keser, Erdal (*20.6.1961). Erster türkischer Profi des BVB (1980-84 und 1986/87, 106/27).

Klos, Stefan (*16.8.1971). Zwar ziemlich klein für einen Torwart (1,78 Meter), aber groß zwischen den Pfosten (1990-99, 254/0). 2 x DM, 1 x CL

Klotz, Bernd (*8.9.1958). Stürmer, kam vom VfB Stuttgart (1981-85, 106/27).

Kohler, Jürgen (*6.10.1965). Wurde als bissiger Abwehrspieler zum „Fußballgott" der Fans. (1995-2002, 191/14). 2 x DM, 1 x CL

Koller, Jan (*30.3.1973). Langer Stürmer-Lulatsch (2,02 Meter), hielt den Ball aber meist flach (2001-06, 138/59). 1 x DM

Konietzka, Friedhelm (*2.8.1938 †12.3.2012). Strafraumschreck mit Bürstenhaarschnitt (1958-65, OL: 110/79, BL: 53/42). 1 x DM, 1 x DFB

Kostedde, Erwin (*21.5.1946). Erster dunkelhäutiger Profi im zitronengelben Trikot (1976-78, 48/18).

Kree, Martin (*21.1.1965). Abwehrspieler, Linksfuß mit knallhartem Schuss (1994-99, 81/1). 2 x DM, 1 x CL

Kringe, Florian (*18.8.1982). Beidfüßige, laufstarke Stammkraft im Mittelfeld (2004-09, 150/17).

Kruska, Marc-André (*29.6.1987). Energischer Kämpfer, bis ihm beim BVB die Luft ausging (2004-08, 98/2).

Kurrat, Dieter „Hoppy" (*15.5.1942). Kleiner „Terrier" (1,63 Meter) in 612 Spielen für den BVB (1960-1974, OL: 43/2, BL: 247/9, ZL: 23/3). 1 x DM, 1 x DFB, 1 x PS

Kutowski, Günter „Kutte" (*2.8.1965). Als unermüdlicher Abwehr-Rackerer ein Liebling der Fans (1984-96, 288/3). 2 x DM, 1 x DFB

Kwiatkowski, Heinz (*16.7.1926 †23.8.2008). Toller Torwart beim BVB, ein Flop beim DFB (1953-63, OL: 297/0, BL: 3/0). 2 x DM

Jörg Heinrich

Oben: Alfred Kelbassa
Unten: Heinrich Kwiatkowski

Deutscher Meister 2011:
Marcel Schmelzer, Roman
Weidenfeller, Shinji Kagawa,
Nuri Sahin und Mats
Hummels.

August Lenz

*Oben: Flemming Povlsen
Unten: Marcel Raducanu*

Knut Reinhardt

L

Lambert, Paul (*7.8.1969). Schottischer Rasenmäher in Schwarzgelb (1996/97, 44/1). 1 x CL

Lehmann, Jens (*10.11.1969). Lange Zeit bei Schalke, dann Klos-Nachfolger im BVB-Tor (1999 – 2003, 105/0). 1 x DM

Lenz, August (*29.11.1910 †5.12.1988). Superstürmer, erster Borusse im Nationaltrikot (1922-49, OL: 48/32).

Lewandowski, Robert (*21.8.1988). Polnischer Stürmer von Weltklasseformat (2010-14, 131/74). 2 x DM, 1 x DFB

Libuda, Reinhard „Stan" (*10.10.1943 †25.8.1996). Superdribbler am rechten Flügel (1965-68, 74/8). 1 x PS

Lippens, Willi „Ente" (*10.11.1945). Gewandter Watschler, kam von Rot-Weiss Essen (1976-79, 70/13).

Loose, Ralf (*5.1.1963). Als Spielmacher oft mit Franz Beckenbauer verglichen (1981-86, 120/11).

Lusch, Michael (*16.6.1964). Defensivmann, heute Betreiber einer Soccerhalle in Dortmund (1982-93, 203/10). 1 x DFB

M

MacLeod, Murdo (*24.9.1958). Schottischer Kämpfer mit heißem Blut (1987-91, 103/4). 1 x DFB

Metzelder, Christoph (*5.11.1980). Eleganter Innenverteidiger, später bei Real Madrid, heute Schalker (2000-07, 126/2). 1 x DM

Michallek, Max (*29.8.1922 †7.6.1985). Supertechniker, der ein Spiel dirigieren konnte (1947-60, OL: 293/17). 2 x DM

Mill, Frank (*23.7.1958). Trickreicher Stürmer mit kesser Lippe (1986-94, 187/47). 1 x DFB

Mkhitaryan, Henrikh (*21.1.1989). Armenischer Supertechniker, Spitzname „Micky" (2013-16, 90/23).

Möller, Andreas (*2.9.1967). Mittelfeld-Ass, gewann als Vereins- und Nationalspieler alle Titel (1987-90 und 1994 – 2000, 228/71). 2 x DM, 1 x DFB, 1 x CL

N

Nerlinger, Christian (*21.3.1973). Einst BVB-Rackerer, heute Bayern-Manager (1998 – 2001, 59/2).

Nerlinger, Helmut (*27.2.1948). BVB-Abwehrchef, Vater von Christian (1976-78, 31/1).

Neuberger, Willi (*15.4.1946). Schmächtiger Mittelfeldspieler, zählt mit 520 Einsätzen zu den Bundesliga-Rekordspielern (1966-71, 148/29).

Niepieklo, Alfred (*11.6.1927). Linker Flügelflitzer mit eingebauter Torgarantie (1950-60, OL: 175/95). 2 x DM

O

Odonkor, David (*21.2.1984). Supersprinter, oft schneller als der Ball (2001-06, 75/2). 1 x DM

P

Pagelsdorf, Frank (*5.2.1958). Mittelfeldspieler, später gewichtiger Trainer (1984-90, 102/9). 1 x DFB

Paul, Wolfgang (*25.1.1940). Großer Abwehr-organisator, oft unüberwindbar (1963-70, OL: 50/1). 1 x DM, 1 x DFB, 1 x PS

Peters, Wolfgang „Sully" (*8.1.1929 †22.9.2003). Buchhalter, der auf Rechtsaußen wirbelte (1954-63, OL: 209/19). 2 x DM

Piszczek, Lukasz (*3.6.1985). Polnischer Abwehr-spieler mit Perspektive (2010-16, 155/9). 2 x DM, 1 x DFB

Povlsen, Flemming (*3.12.1966). Däne, der sich die Lunge aus dem Leib rannte (1990-95, 116/20). 1 x DM

Preißler, Alfred „Adi" (*9.4.1921 †17.3.2003). Bis heute mit 168 Pflichtspieltoren der Rekordtorschütze des BVB (1947-50 und 1952-59, OL: 241/145). 2 x DM

R

Raducanu, Marcel (*21.10.1954). Genialer Ball-streichler aus Rumänien (1982-88, 163/31).

Redder, Theo (*19.11.1941). Gelernter Bäcker und Abwehrspieler (1962-69, OL: 2/0, BL: 115/2). 1 x DM, 1 x DFB, 1 x PS

Reina, Giuseppe (*15.4.1972). Begeisterte die Fans mit Turbo-Dribblings (1999 – 2004, 84/17). 1 x DM

Reinhardt, Knut (*27.4.1968). Geradliniges Kraftpaket, mit „Knuuut"-Rufen gefeiert (1991-99, 170/5). 2 x DM, 1 x CL

Reus, Marco (*31.5.1989). Hochgeschwindigkeits-Dribbler mit eingebauter Torgefahr (2012-16, 108/49).

Reuter, Stefan (*16.10.1966). Zwölf Jahre Rakete im BVB-Mittelfeld (1992 – 2004, 307/11). 3 x DM, 1 x CL

Ricken, Lars (*10.7.1976). Waschechter Dortmunder und BVB-Dauerbrenner, schoss wichtige Tore (1993 – 2008, 301/49). 3 x DM, 1 x CL

Riedle, Karlheinz (*16.9.1965). Kopfballstarker Stürmer, zwei Treffer im CL-Finale 1997 (1993-97, 87/24). 2 x DM, 1 x CL

Rosicky, Tomas (*4.10.1980). Schlanker Mädchenschwarm aus Tschechien mit feiner Technik (2001-06, 149/20). 1 x DM

Rüssmann, Rolf (*13.10.1950 †2.10.2009). Der Ex-Schalker mit den meisten Einsätzen für den BVB (1980-85, 149/18).

Rummenigge, Michael (*3.2.1964). Kam vom FC Bayern und blieb lange Stammspieler des BVB (1988-93, 157/36). 1 x DFB

Rynio, Jürgen (*1.4.1948). Guter Torhüter, der aber nicht nur mit dem BVB abstieg (1969-74, BL: 81/0, ZL: 11/0).

S

Sahin, Nuri (*5.9.1988). Super Ballverteiler, jüngster Bundesligaspieler aller Zeiten (2005-07, 2008-11, (2005-07, 2008-11, 2012-16, 200/19).

Sammer, Matthias (*5.9.1967). Überragender Antreiber, hitziger Rotschopf, kluger Stratege (1992-98, 115/21). 2 x DM, 1 x CL

Sandmann, Herbert (*20.6.1928 †18.4.2007). Verteidiger, der auf Schalke das Kicken lernte (1951-60, OL: 183/38). 2 x DM

Santana, Felipe (*17.3.1986). Sprung- und sprintstarker Brasilianer in der Innenverteidigung (2008-13, 95/6). 2 x DM, 1 x DFB

Schanko, Erich (*4.10.1919 †14.11.2005). Erster Dortmunder Stammspieler in der Nationalmannschaft (1947-57, OL: 208/11).

Schlebrowski, Elwin (*31.8.1925 †8.2.2000). Ostpreuße, Hoesch-Arbeiter, Fußballbesessener (1950-60, OL: 184/15). 2 x DM

Schmelzer, Marcel (*22.1.1988). Talentierter Nachfolger von Dede hinten links (2008-16, 198/2). 2 x DM, 1 x DFB

Schmidt, Alfred „Aki" (*5.9.1935). Superstürmer in den 1950er Jahren (1956-67, OL: 195/57, BL: 81/19). 2 x DM, 1 x DFB, 1 x PS

Schütz, Jürgen „Charly" (*1.7.1939). Torschützenkönig, kickte zwischendurch in Italien (1959-1963 und 1969-1972, OL: 113/87, BL: 73/26). 1 x DM

Schulz, Michael (*3.9.1961). Abwehrrecke, manchmal „böser Bube" (1989-94, 133/5).

Simmes, Daniel (*12.8.1966). Litt an einem Herzfehler, trotzdem oft gut (1984-88, 106/11).

Smolarek, Euzebiusz „Ebi" (*9.1.1981). Polnischer Stürmer mit Kämpferherz (2005-07, 81/25).

Sokratis (*9.6.1988). Bulliger Abwehr-Grieche, heißt mit Nachnamen Papastathopoulos (2013-16, 74/3).

Stevic, Miroslav „Micky" (*7.1.1970). Leistungsträger im defensiven Mittelfeld (1998 – 2002, 91/8). 1 x DM

Storck, Bernd (*25.1.1963). Sechs Jahre im Mittelfeld des BVB (1983-89, 147/7). 1 x DFB

Sturm, Wilhelm (*8.2.1940 †5.11.1996). Vielseitiger Halbstürmer, guter Vorlagengeber (1961-71, OL: 53/9, BL: 186/12). 1 x DM, 1 x DFB, 1 x PS

Subotic, Neven (*10.12.1988). Cooler Innenverteidiger, serbischer Nationalspieler (2008-16, 192/15). 2 x DM, 1 x DFB

T

Tanko, Ibrahim (*25.7.1977). Als „Baby-Stürmer" jüngster Meisterspieler aller Zeiten (1995 – 2001, 52/3). 2 x DM, 1 x CL

Tilkowski, Hans (*12.7.1935). Dortmunder, Stammtorhüter, Vizeweltmeister 1966 (1963-67, 80/0). 1 x DFB, 1 x PS

Tinga (*13.1.1978). Der achte brasilianische Ballkünstler im BVB-Trikot (2006-10, 98/9).

V

Valdez, Nelson (*28.11.1983). Nationalstürmer Paraguays, beim BVB oft Chancentod (2006-10, 113/16).

Varga, Zoltan (*11.1.1945). Ungarischer Ballzauberer in der 2. Liga (1974-76, ZL: 53/10).

Vöge, Wolfgang (*15.9.1955). Als Spieler nur manchmal torgefährlich, heute Spielerberater (1975-80, ZL: 14/1, BL: 98/20).

Votava, Miroslav „Mirko" (*25.4.1956). Tscheche mit deutschem Pass, Dauerläufer im Mittelfeld (1973-82, ZL: 78/3, BL: 189/25).

W

Wegmann, Jürgen „Kobra" (*31.3.1964). War als Stürmer angeblich „giftiger als die giftigste Schlange" (1983-86 und 1989-93, 117/33).

Weidenfeller, Roman (*6.8.1980). Stammtorhüter, schwärmt von der Dortmunder Stadionatmosphäre (2002-16, 340/0). 2 x DM, 1 x DFB

Weigl, Julian (*8.9.1995). Rekordmann beim Bälleverteilen im Mittelfeld (2015/16, 30/0).

Weist, Werner „Acker" (*11.3.1949). Seinerzeit größtes Dortmunder Stürmertalent (1968-71, 72/34).

Wessel, Bernhard (*20.8.1936). Zweiter Torwart hinter Tilkowski, löste ihn dann ab (1961-69, OL: 20/0, BL: 87/0)). 1 x DM, 1 x DFB, 1 x PS

Wörns, Christian (*10.5.1972). Bank in der BVB-Abwehr, lange Jahre Kapitän (1999 – 2008, 240/14). 1 x DM

Wosab, Reinhold (*25.2.1938). Vollblutstürmer mit hartem Schuss (1962-71, 198/61). 1 x DM, 1 x DFB, 1 x PS

Z

Zidan, Mohamed (*11.12.1981). Trickreicher kleiner Stürmer aus Ägypten (2008-12, 66/13). 1 x DM

Zorc, Michael „Susi" (*25.8.1962). BVB-Urgestein, Rekordspieler der Borussia, heute Manager (1981-98, 463/131). 2 x DM, 1 x DFB, 1 x CL

Michael Schulz

Christian Wörns

Um BVB-Profi zu werden, braucht man sehr viel Talent und noch viel mehr Fleiß. Beides ist auch nötig, wenn du einen der begehrten Plätze in einem der Jugendteams des BVB ergattern willst. Um ein Probetraining machen zu dürfen, musst du in der Regel bereits als guter Fußballer aufgefallen sein.

Die beste Möglichkeit, auf dich aufmerksam zu machen, hast du am „Tag der Talente". Den veranstaltet der BVB jedes Jahr Ende April für Fußballer im Alter von acht bis elf Jahren. Gedacht ist das Angebot vor allem für Jungs, deren Wohnort möglichst nicht weiter als 100 Kilometer von Dortmund entfernt ist. Die Talentsichter des BVB beobachten alle Bewerber an diesem Tag ganz genau. Und wer gut genug ist, kann anschließend ein Probetraining bei der BVB-Jugend seiner Altersklasse machen. Um am „Tag der Talente" teilzunehmen, musst du dich schriftlich per Brief oder Telefax anmelden. Eine weitere Möglichkeit, die Talentsichter von Borussia Dortmund auf sich aufmerksam zu machen, sind die vielfältigen Angebote der Evonik-Fußballschule des BVB. Das reichhaltige Programm sieht unter anderem vor: Ferienkurse in Dortmund, Ferienkurse außerhalb von Dortmund, „Vollgas"-Kurse im Ausland, zum Beispiel in Österreich und Luxemburg, Erlebniswochen, Förderkurse, Aufbaukurse, Leistungskurse, Spieltagskurse, Mädchenkurse. Für all diese Kurse kann man auch Gutscheine erwerben (und verschenken). Und wenn du schon bei einem Verein bist, dann frag doch deinen Trainer, ob die mobile Schule des BVB mal bei euch vorbeikommen und ein Training durchführen kann.

Infos:
www.bvb.de/News (Tag der Talente)
www.bvb.de/Der-BVB/Nachwuchs/
   Foerderung
www.bvb.de/Der-BVB/Nachwuchs/
   KidsClub